ein Ullstein Buch

ÜBER DAS BUCH:

Ein Stück deutscher Schiffahrtsgeschichte, erzählt in Geschichten und zeitgenössisch illustriert, wurde hier aus sonst verschollenem Material zusammengestellt. Im Mittelpunkt stehen drei Dutzend preußische Windjammer, die einst den schwarzen Adler auf weißem Flaggentuch über die Weltmeere trugen: Barken, Briggs, Pinks und Schoner aus Memel, Pillau und Königsberg. Sie transportierten Holz, Bahnschwellen, Getreide und schließlich Petroleum und wurden – meist zu knapp – bemannt mit rauhen, wortkargen Seeleuten, welche die Ostsee wie ihre Westentasche kannten, aber ebenso in ganz Europa, in Afrika und Amerika zu Hause waren. Begonnen hatte ihre Zeit 1680, als der Große Kurfürst von Pillau aus erstmals Schiffe nach Westafrika und Westindien schickte. Protektionismus leitete um die Mitte des vorigen Jahrhunderts ihren Niedergang ein, und das Aufkommen dampfgetriebener Stahlschiffe besiegelte ihr Schicksal.
Hier werden sie noch einmal lebendig, die *Hohenzollern, Arethusa, Aurora, Ceres, Pomona* und wie sie alle hießen. – Informative Schiffslegenden, eine Typologie und ein Glossar ergänzen den lebendig geschriebenen Text. – Die Illustrationen, entnommen dem Buch »Zur See« (erschienen 1895 in der Verlagsanstalt & Druckerei AG Hamburg), stammen von Ferdinand Lindner, geboren 1847 in Dresden, gestorben 1906 in Berlin. Lindner wurde seinerzeit populär als Landschafts- und Marinemaler und lebte zwischen 1882 und 1898 in Cuxhaven und auf Neuwerk.

DER AUTOR:

Kurt Gerdau, 1930 in Saalfeld, Kreis Mohrungen, geboren, flüchtete 1945 aus Ostpreußen, kam bis Hamburg und wurde Seemann. Später folgten ein Studium an der Hochschule für Nautik und das Kapitänspatent (1954). Ab 1963 freiberuflicher Schriftsteller mit zahlreichen Veröffentlichungen auf maritimem Gebiet, u. a. bei Koehler Herford die Trilogie »Rettung über See« und »Rickmer Rickmers – Ein Windjammer für Hamburg«.

Kurt Gerdau

Keiner singt ihre Lieder

Schicksale preußischer Windjammer

ein Ullstein Buch

ein Ullstein Buch / maritim
Nr. 20912
Herausgegeben von J. Wannenmacher
im Verlag Ullstein GmbH,
Frankfurt/M – Berlin

Originalausgabe
Teilweiser Vorabdruck in
Das Ostpreußenblatt 1977/78

Umschlagentwurf:
Hansbernd Lindemann
Umschlagillustration:
Gemälde von W. J. J. Nuyen
Holle Zee aus der Sammlung
Peter Tamm, Hamburg
Mit Genehmigung der Koehlers
Verlagsgesellschaft mbH, Herford
Textillustration:
Ferdinand Lindner, Willy Stöwer
und Sammlung Gerdau

Taschenbuchausgabe in Vereinbarung
mit dem Autor
Printed in Germany 1988
Gesamtherstellung:
Elsnerdruck, Berlin
ISBN 3 548 20912 2

April 1988

CIP-Titelaufnahme
der Deutschen Bibliothek

Gerdau, Kurt:
Keiner singt ihre Lieder: Schicksale
preuß. Windjammer/Kurt Gerdau.
– Orig.-Ausgabe –
Frankfurt/M; Berlin: Ullstein, 1988
(Ullstein-Buch; Nr. 20912: Maritim)
Teilw. in: Das Ostpreußenblatt;
1977. 1978
ISBN 3-548-20912-2
NE: GT

Inhalt

VORWORT

Nekrolog auf eine große Zeit

Verschwunden sind die Werften, die einst in Preußens östlichster Provinz hölzerne Segelschiffe zimmerten, Windjammer mit dikken Bäuchen und kleinen Segeln. Auf Schnelligkeit und Rekordreisen waren sie nicht aus, die biederen Kapitäne dieser Barken, Briggs und Pinks, auf Sicherheit schon.

Großen Einfluß auf die Ausbildung der preußischen Schiffbauer hatte die 1834 in Stettin gegründete erste deutsche Schiffbauschule, die unter Leitung hervorragender Schiffbauer stand. Der damalige preußische Minister Beuth veranlaßte, daß Gustav David Klawitter den Schiffbau im Ausland studierte, bevor er seine Lehrtätigkeit in Stettin aufnahm.

Die bei Pieper in Memel, Fischer und Eggert in Königsberg, Becker in Pillau, Fechter in Elbing oder Klawitter in Danzig gefertigten Schiffe genossen einen guten Ruf. Aus dem Jahr 1828 stammt die Bemerkung: »Es wird gebaut in Königsberg und Pillau ausgezeichnet und gut nach englischer Art.« Keine Frage, daß auch der englische Schiffbau dem deutschen Holzschiffbau zahlreiche Impulse gegeben hat.

Verschwunden sind die Windjammer mit dem preußischen Adler auf dem weißen Flaggentuch, und keiner singt ihre Lieder. Ihr Feld war die Welt: daß sie klein war, lag nicht an den Schiffen oder ihren Kapitänen, sondern am Protektionismus der Länder, die Kolonien besaßen. So blieb den deutschen Schiffen nur der Verkehr nach den englischen, französischen, holländischen, spanischen und portugiesischen Häfen.

Als der Krimkrieg (1854) seine Schatten bis in die Ostsee warf, der handelshemmende Sundzoll fiel und die 1651 von Cromwell erlassene Navigationsakte (1849) außer Kraft gesetzt wurde, war es für die ostpreußische Reederei zu spät. Die Kaufleute und Zimmermeister hatten keine Rücklagen bilden können, um neue und größere Schiffe bauen zu lassen. Bismarcks Schutzpolitik bewirkte den Rest. Zahlreiche englische Importeure von Holz, Bahnschwellen und Getreide hatten sich infolge der Blockade im deutsch-dänischen Krieg (1864) nach anderen Lieferanten umgesehen. Während der Handel in der Ostsee zusammenbrach, verschob sich der Schiffahrtsmarkt zugunsten der Nordseehäfen Hamburg und Bremen.

Alles, was danach kam, war der Nekrolog auf eine große Zeit. Ein Stück ostpreußischer Schiffahrtsgeschichte ging zu Ende, die eingeleitet worden war, als der Große Kurfürst im Jahre 1680 von Pillau aus erstmals Schiffe nach Westafrika und Westindien schickte. Drei Jahre später wurde die erste deutsche Faktorei in Afrika gegründet, die Festung Friedrichsburg. Unter Benjamin Raules Leitung entstanden am Frischen Haff Werften und Hafenanlagen, wurden große Schiffe gezimmert. Doch Pillau, in den Wintermonaten über See mit den damaligen Schiffen nicht erreichbar, lag zu ungünstig für weitere Landnahme in Übersee. Emden lief der ostpreußischen Ansiedlung den Rang ab.

Die in diesem Band zusammengetragenen Geschichten von Schicksalen ostpreußischer Windjammer stammen aus der Zeit, als der Niedergang besiegelt war. Immer weniger Schiffe wurden in Memel, Pillau und Königsberg registriert. Und so mancher Reeder atmete auf, wenn sein Windsack verloren ging. So verurteilte beispielsweise das Schwurgericht 1865 den Reeder Behrend zu acht Jahren Zuchthaus, weil der Kapitän die Bark *Alma* unweit der Scilly-Inseln auf Anraten des Reeders angebohrt hatte.

Nicht immer ging der Verlust eines Schiffes auch ohne Menschenverluste ab. Manches Schiff ist verschollen. Hatten die Seeleute früher weniger Furcht? Sicher nicht. Nur wer die See nicht kennt, fürchtet sie nicht. Furcht war die Macht, die den Seemann zwang, sich mit den Regeln des großen Spiels gegen die See vertraut zu machen. Es kümmert die See nicht, was Menschen tun, sie rollt von Ewigkeit zu Ewigkeit.

Als ehemaliger Seemann verneige ich mich vor der Leistung meiner Kollegen, die in Vergessenheit geraten sind. Ihnen, den Kapitänen dieser hölzernen Windsäcke, ist mein Buch gewidmet.

Kurt Gerdau

Die Erbsenschiffe

Königsberg war Hauptumschlagplatz für Getreide und Hülsenfrüchte, aber um die Geschichte mit den Erbsenschiffen ganz begreifen zu können, müssen wir uns die Zeit um 1800 vorstellen: Napoleon hatte gerade das Direktorium gestürzt und war erster Konsul geworden, England besetzte Malta, und Schiller zog den Schlußstrich unter sein »Lied von der Glocke«. Beethoven, Goethe und Fichte lebten, und in Berlin herrschte Friedrich Wilhelm, König von Preußen. Er regierte das Land und seine Landeskinder, so gut er konnte. Mehr war nicht zu erwarten. Er war durchaus sozial eingestellt, wenn ihm auch das richtige Verständnis fehlte. Er kümmerte sich auch um das Schiffsvolk, wie der Brief an die Ostpreußische Kammer/Preußisches Department in Königsberg beweist:

»Von Gottes Gnaden Friedrich Wilhelm, König von Preußen: Unsern gnädigen Gruß zuvor, Edle, Werte, Hochgelahrte Räthe, liebe Getreuen. In dem abschriftlich beikommenden Schreiben Unsers Auswärtigen Departments vom 5ten d. M. hat daßselbe auf Veranlassung einer bey dem Konsul Busky in Coppenhagen vorgekommenen Beschwerde der Mannschaft eines dort überwinterten Memel-schen Schiffes über die Speisung dahin angetragen, daß, so wie solches in Pommern geschehen, auch eine Speise-Ordnung für die Ost- und Westpreußischen Schiffe erlassen werden möchte. Wir befehlen Euch demnach mit Zuziehung der Commercien- und Admiralitäts Collegii eine solche Speiseordnung zu entwerfen und das Projekt zur Genehmigung einzureichen.

Sind Euch in Gnade gewogen. Gegeben Berlin, den 4ten July 1800. Auf Seiner Königlichen Majestät allergnädigsten Special Befehl.«

Aufgrund dieses Spezialbefehls wurden alle Ämter, Reeder und Collegiis zur Stellungnahme aufgefordert, aber Ostpreußen hatte den Vorteil, von Berlin sehr weit entfernt zu sein. So beeilte sich keine Stelle, und außerdem mußte die ganze Sache erst einmal überschlafen und beredet werden. Aus Memel traf schließlich in Königsberg ein dickes Schreiben ein, in dem mitgeteilt wurde, daß es in Memel eigentlich zwei Beköstigungsarten gäbe, die typisch Memelsche Costuma mit Erbsen und Graupen und die englische Costuma ohne Erbsen.

Der Brief nach Berlin mußte irgendwann schließlich geschrieben werden, denn ein Spezialbefehl ist mehr als nur eine Bitte. Die Antwort lautete in der Tendenz, daß man alles so lassen sollte wie es war. Klagen wären in Preußen nie vorgekommen, im Gegensatz zu den pommerschen Schiffen, darum hätten die Reeder dort eine Speiseordnung erlassen müssen. Es heißt wörtlich: »Daß in Pommern ein Speisereglement notwendig gewesen, ist wohl dahero entstanden, weil die Schiffs-Equipagen daselbst lange nicht so reichlich als hier in Preußen ausgestattet werden.« Ja, die Verfasser des Briefes meinten sogar, daß die pommerschen Schiffer mehr in die eigene Tasche wirtschaften, während in Ost- und Westpreußen die Reeder die besten und untadelhaftesten Viktualien besorgen würden.

Um nicht als unbotmäßig angesehen zu werden und möglicherweise in Mißkredit zu geraten, wurde die Westpreußische Speiseordnung für das gewöhnliche Schiffsvolk als Muster mitgesandt, die vom Admiralitätskollegium in Danzig erarbeitet worden war.

Der erste Abschnitt kann übergangen werden. Im zweiten heißt es: »Die Art und Weise der Speise und des Tranks soll so gegeben werden, daß es dreymal des Tages zu essen gibt. Für jeden Mann auf die Woche 7 Pfund hartes Brot, 1½ Pfund Butter, 1 Pfund Stockfisch und 1 Pfund Käse zu reichen, auch wenn sie Fleisch bekommen, für jeden Mann 2 Pfund frisches oder 1½ Pfund gesalzenes Fleisch sowie hinlängliche Grütze, graue und weiße Erbsen.

Sonntag: zum Frühstück Grütze und weiße Erbsen, zum Mittag graue Erbsen und Fleisch, zum Abend graue Erbsen samit dem Ueberrest von Fleisch und Grütze. Montag: zum Frühstück graue Erbsen und Grütze, zum Mittag weiße Erbsen und Stockfisch, zum Abend weiße Erbsen und Grütze; am Dienstag: zum Frühstück Grütze und weiße Erbsen, zum Mittag graue Erbsen und Fleisch, zum Abend graue Erbsen und die Ueberreste von Fleisch und Grütze. Mittwoch, Donnerstag, Freitag und Sonnabend: Erbsen und Grütze, einmal graue, einmal weiße Erbsen, immer abwechselnd, aber 21mal in der Woche.

Absatz 3 regelte die Getränkefrage: »An Getränken bekömmt jeder Schiffsmann täglich soviel Schiffs-Bier als er trinken will, bey dem Laden aber, und bey üblem oder schwerem Wetter wird nach Gutbefinden des Schiffers auch ein Spitzglas Brandtwein verabreichet.«

Am 24. März 1802 resignierte König Friedrich Wilhelm und verfügte, wie könnte es anders sein, durch einen Spezialbefehl: »Die Beköstigungen der Schiffsequipagen bey den Gewohnheiten einer jeden Seestadt nach zu belassen.«

Es müßten noch ein paar Worte über die Unterbringung der Mannschaft gesagt werden, aber es mag genügen, wenn man weiß, daß der Raum, in dem zehn Seeleute schliefen, recht eng und die Lüftung aus Sicherheitsgründen fast unmöglich war.

Irgendwann, aber da war Friedrich Wilhelm nicht mehr König von Preußen, übernahmen die Reeder in Königsberg, Memel, Elbing und Danzig die pommersche Speiseordnung. Königsberg aber blieb bis 1939 Hauptumschlagplatz für Getreide und Hülsenfrüchte.

Kollision auf der Neufundlandbank

Ein frischer westlicher Wind wehte, als am 6. September 1878 die Pillauer Bark *Helios* der Reederei Dultz den Hafen von New York verließ. In ihrem Laderaum stauten sich 2886 Fässer Petroleum und mehr als 10000 eichene Stäbe.

Kapitän George Nordt, ein Mann in den besten Jahren, stand neben dem großen Ruderrad und beobachtete aufmerksam die angeschlagenen Segel, den Wind, der leicht wegschralte, und den gesteuerten Kompaßkurs. Er war mit sich, dem Schiff, der Besatzung und der Welt zufrieden.

Die Ladung war für Rotterdam bestimmt, und von dort würde sich leicht eine andere für einen ostpreußischen Hafen auftreiben lassen, damit er und einige seiner Leute mal wieder nach Hause kämen.

Das Schiff war fast neu, keine zwölf Jahre alt und aus bestem Eichenholz in Pillau erbaut. Vor zwei Jahren hatte es dort der Schiffbaumeister Behr mit einem Kostenaufwand von 30000 Mark repariert.

Das war viel Geld, auch für einen wohlhabenden Reeder wie Dultz, der in diesem Schiff eine unversicherte Part hielt. Es durfte nichts schiefgehen, aber er wußte sein Schiff in den besten Händen, denn Kapitän Ziesmer galt an der Küste als erfahrener, besonnener Schiffsführer. Die *Helios* war kein Schnellsegler, nicht gebaut, um Wettsegeln zu veranstalten, Tee der neuen Ernte als erstes Schiff in London zu löschen. Dafür aber stand die Besatzung nicht bei jeder stärkeren Brise bis zum Bauch im eiskalten Wasser, wenn Segelmanöver ausgeführt werden mußten.

Doch kaum war die *Helios* aus dem Hafen heraus, die Küste außer Sicht, als der Wind nachließ, ganz einschlief oder aus der Richtung wehte, in die sie eigentlich wollten. Das Glück schien die Bark verlassen zu haben. Nachts, als sich der Kapitän unbeobachtet glaubte, warf er einen Seestiefel auf Luvseite über Bord, um mit diesem Opfer die Götter wieder für sich zu stimmen. Er war nicht abergläubisch, aber schaden, so meinte er in seiner bedächtigen Art, könne das ja auch nicht.

Am 10. Februar 1879 stand die *Helios* auf 43 Grad Nord und 58 Grad West vor der großen Neufundlandbank im dichten Nebel. Alles an Deck war feucht, die Rahsegel dunkel, das Tauwerk steif, aber ein frischer Windzug kam durch, den der Kapitän mit Segelsetzen sofort ausnutzte.

Das Schiff nahm Fahrt auf, die Bugwelle wurde größer, und mit sieben Knoten Geschwindigkeit lief die *Helios* leicht durch die kabbelige See.

Vorne auf der Back stand seit zwei Stunden der Halbmann Hermann Korn und blies als Ausguck von Zeit zu Zeit kräftig in das aus Blech gefertigte Nebelhorn, das eine halbe Seemeile weit hörbar sein sollte, vorausgesetzt, es wurde auch kraftvoll betätigt.

Der Alte ging achtern auf und ab, hin und her, horchte in den Nebel. Seine Unruhe breitete sich auf den am Ruder stehenden Matrosen Reimann aus, der schon die dritte Reise mitmachte.

»Gut aufpassen«, ermunterte ihn der Kapitän, »hier sind immer Fischer bei der Arbeit.«

Er hatte kaum ausgesprochen, als der Halbmann Korn auf der Back genau voraus ein Segel ausmachte und seine Wahrnehmung laut aussang. Er hob danach wieder das Nebelhorn an den Mund und blies hinein. Der Kapitän lief sofort auf die Back, um sich genauer zu informieren.

Er hatte an ein Fischerboot gedacht, aber sich geirrt. Ein Dampfer steuerte auf sie zu. Nur noch zwei knappe Schiffslängen trennten die beiden Fahrzeuge. Die Bark konnte nicht mehr ausweichen.

»Los, die Freiwache purren!« schrie der Kapitän dem Steuermann entgegen, den der Krach an Deck aus seiner kleinen Kammer getrieben hatte.

»Halt ab!« befahl er noch dem Rudergänger, bevor er das ungeheizte Mannschaftslogies betrat, um die schlafenden Matrosen zu wecken.

Der Mann am Ruder drehte das Rad noch ein paar Speichen nach Steuerbord, das Schiff fiel auch vom Kurs ab, die Segel killten, aber es war zu spät. In diesem Augenblick rannte der britische Dampfer *Utopia* der Anchor-Linie der Bark in die Backbordseite, dicht hinter den Vorstenge-Pardunen.

Dicke, feste Schiffsplanken zersplitterten, Petroleumfässer liefen aus, das Schiff legte sich auf die Seite, krachend knickte der Fockmast ein, die Stenge brach über dem Eselshaupt ab, und die Segel zerrissen.

Es war ein unheimliches Bild. Der Nebel verengte die Welt auf diesen kleinen Schauplatz im Atlantik.

Die *Utopia* versuchte, sich durch Rückwärtsmanöver von dem rasch sinkenden Wrack zu befreien, während die Besatzungsmitglieder der Pillauer Bark trockenen Fußes ihr Schiff verließen und den Engländer enterten.

Keiner von ihnen hatte mehr als das Leben gerettet, und vom Insichtkommen des Dampfers bis zum Untergang der Bark waren kaum mehr als zehn Minuten vergangen.

Im März 1879 legte der britische Frachter in New York an, und die Besatzung der *Helios* kehrte mit einem deutschen Schiff nach Hamburg zurück.

Schiffslegende

Bark *Helios*

Erbaut 1866 von Heinrich Becker in Pillau. Unterscheidungssignal HDGG

Reeder: Reinhold Heinrich Friedrich Dultz und Partner, Pillau (1866–1878)

Kapitäne: J. G. Ziesmer, Königsberg, 1870 in Pillau. – G. Nordt, Königsberg (1877–1878)

Besatzung: 13–12 Mann

Bauart: mittelscharf, 1 Deck, Zwischendecksbalken. Über Wasser Eisenbolzen, unter Wasser Kupfer

Segelfläche: 707 qm

Das Schiff wurde 1870 im Juni in Falmouth besichtigt. Die Wegerung und Holznägel mußten bei der fälligen Klassifizierung im September in Pillau erneuert werden.

1878 nach Kollision gesunken.

Piraten auf der Doggerbank

In den ersten Februartagen des Jahres 1813 wurde von König Wilhelm III. die allgemeine Wehrpflicht angeordnet, und Freiherr vom Stein verkündete kurz darauf, daß die Russen als Befreier und nicht als Eroberer heranrückten. Mitte März erfolgte die Kriegserklärung Preußens an Napoleon. Es erschien der berühmt gewordene »Aufruf an mein Volk«, auf den hin sich ganz Preußen in Opfermut für Gott, König und Vaterland zusammenschloß: »Keinen anderen Ausweg gibt es, als einen ehrenvollen Frieden zu schließen oder einen ruhmvollen Untergang. Auch diesem würdet ihr getrost entgegensehen, weil ehrlos der Preuße und der Deutsche nicht zu leben vermag.« Als schlichte Auszeichnung für Tapferkeit vor dem Feind war am Todestag der Königin Luise das Eiserne Kreuz gestiftet worden.

Ein paar Monate später erhielten Kapitän Carl Heinrich Brandt und sein Bruder Johann das Eiserne Kreuz II. Klasse verliehen. In Gegenwart der gesamten Memeler Bürgerschaft überreichte Polizeidirektor Major Flesche im Auftrag des Königs den beiden Memelern die hohe Auszeichnung: eine ungewöhnliche Geste, denn die beiden Brüder waren keine Soldaten, sondern Zivilisten, brave Seeleute, die ihr Schiff verteidigt hatten.

Als ihre Brigg *Elfriede* am 30. Oktober 1813 unter Führung von Kapitän Brandt den englischen Hafen Sharnes verlassen hatte, war die »Völkerschlacht« bei Leipzig geschlagen. König Wilhelm III., Zar Alexander und Kaiser Franz von Österreich hatten in einer gemeinsamen kriegerischen Aktion Napoleon besiegt. Die Kunde war schnell bis England gedrungen und dort bejubelt worden. Doch Vorsicht war vonnöten, die französischen Kaperer drangen weiterhin bis unter die englische Küste vor. Unbewaffnet war die *Elfriede* nicht. Es befanden sich zwei Kanonen an Bord. Abgesehen von diesen Geschützen, die zu bedienen nicht leicht war, lagerten in der Kajüte noch fünf Donnerbüchsen, eine Pistole und ein Säbel. So ausgerüstet hatte der 33jährige Kapitän vor möglichen Piraten wenig Respekt. Er wußte, daß er sich auf seine Leute – vier Matrosen und zwei Schiffsjungen – verlassen konnte, am meisten aber auf den Steuermann, seinen Bruder Johann.

In den Vormittagsstunden formierte sich ein Konvoi in Richtung Elbe, der von britischen Kriegsschiffen begleitet wurde. Die ersten Stunden verliefen planmäßig. Der Wind zog die Segelschiffe bei bedecktem Himmel ostwärts. Doch das Wetter verschlechterte sich am späten Nachmittag. Sorgenvoll beobachtete der Alte auf der *Elfriede* den Himmel und das Spiel der Wolken. Regen kam auf, und plötzlich befand sich die ostpreußische Brigg allein auf weiter See. Von den anderen Schiffen des Konvois war keine Mastspitze mehr auszumachen.

Carl Heinrich Brandt beratschlagte kurz mit seinem Bruder die neue Situation, und sie kamen überein, den Weg durch das Skagerrak allein zu wagen. Der kräftige Westwind sollte ihnen zu einer schnellen Passage verhelfen.

Auf der Höhe der Doggerbank kam am nächsten Mittag eine Brigantine in Sicht, die neben der englischen die Notflagge gesetzt hatte. Sie trieb fast segellos dahin. An eine Falle dachte keiner auf der *Elfriede.* Da war ein Schiff in Not, und da brauchten Menschen ihre Hilfe. Vielleicht waren sie selbst morgen auf die Hilfsbereitschaft anderer angewiesen.

Die Segel wurden gekürzt, und Brandt manövrierte die *Elfriede* näher an das englische Schiff heran, dessen Namen sie inzwischen entziffert hatten. Es handelte sich um die Brigantine *Favorite.* Die englischen Seeleute verließen im Boot ihr Schiff und kamen längsseits der ostpreußischen Brigg, auf der alle Besatzungsmitglieder an Deck standen, um die sieben Schiffbrüchigen an Bord der *Elfriede* willkommen zu heißen. Brandt erkundigte sich nach dem Kapitän der Brigantine. Er wollte ihm seine Kajüte als Unterkunft anbieten. Doch statt des Kapitäns meldete sich einer der Männer. Er gab sich als Steuermann aus und erzählte, daß der Kapitän am Vortag ums Leben gekommen sei. Brandt wurde stutzig, mehr aber nicht. Er hatte schließlich andere Sorgen. Zurücksegeln konnte er bei dem Westwind kaum, er mußte die sieben Mann also mitnehmen. Abgesehen von dem Platz, den sie beanspruchten, mußten sie verpflegt werden. So erklärte er sich einverstanden, als ihn der fremde Steuermann bat, das noch längsseits liegende Boot zur treibenden Brigantine hinüberzuschicken und Proviant zu holen, von dem genügend an Bord wäre und in guter Qualität. Da die Geretteten sich für eine erneute Bootsfahrt zu schwach fühlten, was ihnen der Schiffsführer der *Elfriede* nachfühlen konnte, besetzten die vier eigenen Matrosen das Beiboot und ruderten hinüber. Bei dem kabbeligen Wasser auf der Doggerbank war das kein Sonntagsvergnügen. Die Seeleute, kräftige Männer, hatten alle Hände voll zu tun, um die Strecke zwischen den beiden Schiffen zu bewältigen.

Kapitän Brandt stand an der Schanz und sah ihnen nachdenklich hinterher, wie sie sich in die Riemen warfen und das schwere Boot vorwärts zwangen. Proviant war teuer, vielleicht blieb auch etwas für sie übrig. Sicher waren auch ein paar Flaschen Wein in der Last. Neben ihm stand sein Bruder, der Steuermann. Es kam schließlich nicht alle Tage vor, daß man Menschen aus Seenot rettete. Die Brigantine schwamm immer noch, und er überlegte, ob er nicht besser versuchen sollte, die *Favorite* zu bemannen und nach England zu segeln. Das würde ein gutes Stück Geld bringen, das er zum Kauf eines eigenen Schiffes verwenden könnte.

Als er seinem Bruder den Vorschlag unterbreiten wollte, drehte der sich erschreckt um. Irgend etwas stimmte hinter ihrem Rükken nicht. Die bislang niedergeschlagen an Deck hockenden Schiffbrüchigen waren aufgestanden, hielten Pistolen in Händen und bedrohten sie. An Gegenwehr war nicht zu denken. Der angebliche Steuermann forderte sie auf, sich zu ergeben, und erklärte die *Elfriede* zur Prise mit den Worten: »Wir sind französische Kaperer! Ihr seid des Todes, wenn ihr euch zu widersetzen wagt!«

Aus und vorbei, dachte Kapitän Brandt. Mit den beiden 15jährigen Schiffsjungen hatten die jubelnden Piraten keine Probleme. Sie wurden alle zusammen in der Kajüte eingesperrt. Die Piraten fühlten sich sehr sicher. Die Lage war verzweifelt, aber noch nicht hoffnungslos, glaubte Carl Heinrich Brandt. So schnell gab er nicht auf, und hatte nicht sein König erklärt, daß ein Preuße niemals kapitulierte?

Ihm fielen die vier Donnerbüchsen und die Pistole ein, die in der Kajüte lagerten und von den Freibeutern noch nicht entdeckt worden waren. Wenn sie erst begannen, das Schiff zu durchsuchen, war Brandts Chance dahin, mit dem Leben davonzukommen. Er zog seinen Bruder und die beiden Jungen ins Vertrauen. Alle versprachen ihm, nicht feige zu sein und bis zum letzten Blutstropfen zu kämpfen. Die Donnerbüchsen wurden aus der Truhe geholt, und der Alte lud sie mit Kugeln, während der Steuermann an der Tür stand und aufpaßte, daß sie von den Franzosen nicht überrascht wurden. Doch vorläufig kümmerte sich niemand um sie, so daß sie ihre Vorkehrungen in Ruhe treffen konnten. Blind hinauszustürmen und zu schießen, hatte keinen Sinn. Sie waren in der Minderzahl. Was sie brauchten, war eine Gelegenheit. Die kam schneller als gedacht.

Der angebliche Steuermann, der die Piraten befehligte, hatte von Navigation keinen Schimmer, sonst hätte er nicht Johann Brandt um Hilfe gebeten. Dieser sollte ihm den Kurs nach einem französischen Hafen ausrechnen.

Der Steuermann der *Elfriede* zeigte sich willig, zog eine Kurslinie auf der Seekarte, die von der Doggerbank nach Calais führte, und empfahl, die Segel auf der Steuerbordseite zu brassen. Dem Kaperer leuchtete die Maßnahme ein, und um sich nicht zu blamieren, befahl er alle Mann nach Steuerbord an die Brassen.

Genau das hatte Johann beabsichtigt. In dem Tumult an Deck fiel es nicht auf, daß ihm sein Bruder eine der geladenen Büchsen reichte. Ohne Zögern eröffnete der Kapitän das Feuer auf die Fremden. Gleichzeitig schoß sein Bruder. Vier Piraten wälzten sich in ihrem Blut, aber drei von ihnen standen wieder auf. Sie waren nur leicht verwundet und hatten den Schock schnell überwunden. Die Gebrüder Brandt wechselten die Gewehre. Als die Seeräuber auf sie zustürzten und ihre Pistolen abfeuerten, konnten die Brüder kaum noch vorbeischießen, so nahe waren die Gangster gekommen. Doch noch gaben sie nicht auf. Getroffen war auch der angebliche Steuermann. Er lag vor den Füßen des Kapitäns, lebte aber noch. Da die Büchse leergeschossen war, holte Carl Heinrich Brandt zu einem Kolbenschlag aus, um ihm den Rest zu geben. In diesen Minuten kannte er kein Mitleid. Doch er glitt aus, fiel hin und erhielt einen Dolchstoß in die Brust.

Aus und vorbei, dachte er und verlor für einen Augenblick die Besinnung. Es kann nur ein Moment gewesen sein, denn gleich darauf hörte er seinen Bruder rufen: »Meine Hand ist weg!« Sein unbändiger Lebenswille trieb den ostpreußischen Schiffsführer hoch. Vor ihm kniete der französische Pirat, der ihm das Schiff weggenommen hatte. Er blutete, hielt aber den Dolch in der rechten Hand und kam näher herangerobbt. Brandt stürzte sich auf ihn, entriß ihm das Messer und stach mit solcher Wut zu, daß der Griff abbrach.

War das endlich der Sieg? Zwei Seeräuber lebten noch, standen am Mast und warteten. Es wäre für sie ein leichtes gewesen, den verwundeten Kapitän zu überwinden, der sich nur mit Mühe auf den Beinen halten konnte. Aber angesichts ihrer toten Kumpane ergaben sie sich und baten um Gnade. Brandt war nicht nach Gnade zumute, aber er brachte es nicht fertig, Wehrlose zu töten. So erklärte er sie zu Gefangenen. Ihnen wurden die Hände auf den Rücken gebunden, damit sie keinen Unfug anrichten konnten.

Zwar hatten die beiden ostpreußischen Seeleute ihr Schiff zurückerobert, doch Freude kam nicht auf. Sie waren schwer verletzt und am Ende ihrer Kräfte. Die Schiffsjungen kamen nun an Deck und gingen ihnen zur Hand. Ohne die vier Matrosen, die sich auf der Brigantine *Favorite* in Sicherheit gebracht hatten, als die Schüsse fielen, waren sie verloren. Allein und verwundet, konnten sie die kleine Brigg nicht segeln. Und die Matrosen auf dem Engländer wußten nicht, was sich auf der *Elfriede* in der letzten Stunde abgespielt hatte. Etwas Entsetzliches mußte schon vorher geschehen sein, denn auf der Brigantine fanden sie in der Kapitänskajüte einen Mann: erschossen.

Inzwischen legte sich Dämmerung über die See. Zum Glück war der Sturm eingeschlafen, es wehte nur mehr ein schwacher Wind. Die Gefahr, daß die beiden Schiffe in der Nacht auseinandergetrieben wurden, war groß. Brandt ließ im Mast eine Lampe aufhängen, und gelegentlich brannten sie blaue Feuer ab.

Es dauerte Stunden, bis sich die beiden Schiffe auf Rufweite nahe gekommen waren. Doch die Matrosen auf der Brigantine glaubten den Versicherungen ihres Kapitäns nicht, daß an Bord der *Elfriede* alles in Ordnung sei und die Banditen entweder tot oder gefangen waren. Hatten die Piraten nicht bewiesen, wie listig und verschlagen sie vorgingen? Da galt es höllisch aufzupassen.

Carl Heinrich Brandt war ein typischer Ostpreuße. Er wußte, daß es keinen Sinn hatte zu toben und zu schreien. Seine Matrosen brauchten Zeit, um zu überlegen und zu beraten. Und so dauerte es eine Weile, bis das Mißtrauen so weit gesunken war, daß sich die Matrosen ins Boot schwangen und langsam zurückruderten – langsam, denn Angst ist kein schlechter Ratgeber.

Erst als sie die Leichen an Deck liegen sahen, glaubten sie ihrem Alten. Einigen wurde schlecht, sie mußten sich übergeben. Der Kapitän befahl, Segel zu setzen und die toten Piraten über Bord zu werfen. Ein richtiges Seemannsbegräbnis erhielten sie nicht, denn schließlich waren das keine anständigen Seeleute, sondern Kaperer, Banditen, Mörder.

Die beiden Gefangenen wurden in Schweden den Behörden

übergeben und von dort nach England gebracht. Ob sie angeklagt wurden, interessierte Kapitän Brandt nicht mehr. Er segelte seine *Elfriede* nach Swinemünde, um dort die aus Reis und Rum bestehende Ladung zu löschen, die für die preußische Regierung bestimmt war.

Vor Buenos Aires gestrandet

Die 1857 in Holland von Dreysendik gebaute hölzerne Memeler Bark *Hohenzollern* war in den ersten Septembertagen 1878 von Marseille kommend mit einer kompletten Stückgutladung vor Buenos Aires eingetroffen und hatte auf der dichtbelegten Reede einen geeigneten Ankerplatz gefunden.

Der Segler gehörte dem Reeder Alfred Scharffenort aus Memel, allerdings hielt neben dem Kaufmann Karl Kloß auch der Kapitän eine Schiffspart in Höhe von zwanzig Hundertstel.

Kapitän G. Behrendt, ein sehr schweigsamer Mann, der sich in der Bibel gut zurechtfand, hatte seine ganzen Ersparnisse in die Bark investiert und diesen Anteil auch versichert. Er war nun über vier Jahre an Bord, und die kleine Bark hatte in dieser Zeit immer ausreichend Beschäftigung gefunden und Gewinne erzielt. Im letzten Jahr war sie im Winter in Stavanger neu gebolzt, der Unterwasserteil des Schiffes gekupfert und die Nähte kalfatert worden. Zwar hatte die gründliche Überholung fast 28 000 Mark gekostet, aber das Geld schien gut angelegt zu sein, denn die Bilgen blieben trocken und die große Lenzpumpe unbesetzt.

Kaum lag das Schiff vor Anker, als der Kapitän, wie es damals durchaus üblich war, sein Schiff verließ, um die lange Liegezeit an Land zu verbringen.

Er vertraute die Bark seinem Steuermann an, der dieses auch verdiente, konnte er sich doch berechtigte Hoffnungen machen, nach dieser Reise selbst ein Schiff als Kapitän zu erhalten.

Am 28. September beobachtete der Steuermann Johann Jankowsky aus Altpillkoppen voller Sorge den morgendlichen Himmel. Eine schwere Wolkenbank lastete über dem Land. Wie eine riesige Wurst sah sie aus, die Enden hingen wie bei einem Mongolenschnurrbart herab. Noch wehte nur eine leichte Brise, und der Seegang auf der Reede war gering, aber der Steuermann, der 1876 auf der Navigationsschule in Memel die Prüfung zum Schiffer auf großer Fahrt nach der 1869 eingeführten Prüfungsverordnung abgelegt hatte, kannte die Anzeichen eines heraufziehenden Pamperos genau.

Der Gegensatz zwischen dem warmen Brasilien und den kalten Luftmassen des Südens läßt in den Pampas Tiefdruckwirbel entstehen, die mit unwiderstehlicher Gewalt ostwärts über die La-

Plata-Mündung in den Südatlantik ziehen. Wehe dem Schiffsführer, der dann draußen nicht rechtzeitig die Segel verkürzt!

Vielleicht wäre es besser gewesen, unter kleinen Segeln den Ankerplatz zu verlassen, um draußen das Unwetter abzureiten, doch das konnte der Steuermann nicht entscheiden. Vorsichtshalber wurde der zweite Anker geworfen.

Am nächsten Tag nahm der Wind rasch zu. Eine Bö fegte heran, eine zweite folgte, und dann war der Pampero über dem Mündungsgebiet. Die dreizehn Männer an Bord konnten an Deck kaum ihr eigenes Wort verstehen. Die Bark zitterte und zerrte an ihren Fesseln.

Langsam begann das Schiff zu treiben. Die Anker hielten dem Zug nicht mehr stand. Der Steuermann befahl dem norwegischen Zimmermann, mehr Kette zu stecken, aber ein unmerklicher Ruck ging durch den Schiffskörper; da wußte jeder an Bord, daß eine Ankerkette gebrochen war.

Um das Schiff vor der drohenden Strandung zu bewahren, gab es nur noch eine Möglichkeit: Der am Fockmast befestigte Reserveanker mußte schnell zu Wasser gebracht werden.

Das war leichter gesagt als getan, denn der Anker war groß und schwer. Taljen mußten aufgebracht und verrostete Bolzen gelöst werden, und die Zeit war knapp.

Die Bark trieb nun mit drei Knoten Geschwindigkeit durch die Bucht. Vielleicht hätte die Zeit noch gereicht, aber der Wind drehte, die *Hohenzollern* schwojte und kollidierte mit der italienischen Bark *Fortunata Barbara.* Beide Schiffe erlitten leichte Überwasserschäden, kamen aber voneinander frei.

Doch diese Zeit, die sie gebraucht hatten, um von dem anderen Schiff freizukommen, fehlte ihnen, um das Reserveankergeschirr klarzumachen. Fast ohnmächtig mußten sie zusehen, wie ihr Schiff der Strandung entgegentrieb. Mit geballten Fäusten stand der Steuermann an der Schanz und überlegte.

Wieder ruckte es. Nun war auch die andere Kette gebrochen. Sofort schlug die Bark quer zur Windrichtung. Das Schiff war frei. Es gab noch eine kleine Chance.

»Segel setzen«, brüllte heiser der Steuermann und trieb die Seeleute an, »ein Mann ans Ruder! Tempo, Männer, Stagsegel los, Klüver setzen!«

Aber es war zu spät. Das Schiff setzte auf, und damit war sein Schicksal besiegelt. Es brach durch.

Die Bergung und die Wiederherstellung der Bark hätten 100000 Mark gekostet. Zuviel für das nicht mehr junge Schiff. So wurde es kondemniert, also zum Abbruch freigegeben.

Schiffslegende

Bark *Hohenzollern*, ex *Nederland en Oranje*

Erbaut 1858 bei Duivendijk in Lekkerkerk, Holland

Unterscheidungssignal ab 1875: HBEW

Reeder: Van Reijlen & Decker, Rotterdam (1858–1875) – Alfred Scharffenorth, Memel (1875–1878)

Kapitäne: Jan Ruijven (1858–1867), W. Kramers (1867–1868), W. C. Pfaff (1868–1873), G. Behrendt (1875–1878)

1878 Seeverlust

Das Geheimnis der verlassenen Pink

Am 9. März 1880 entdeckte der Ausguck der *Elenstone* nördlich der Azoren ein unheimliches Schiff. Mit dichtgerefftem Vor- und Großmarssegel trieb es, vom leichten Passatwind gezogen, langsam nordostwärts. Obwohl alle vier Rettungsboote an Bord zu erkennen waren, ließ sich keine Menschenseele an Deck blicken.

Mit schwerer Hand notierte Kapitän Andersen den rätselhaften Vorfall im Schiffsjournal. Vor acht Jahren erst war in dieser Gegend die *Mary Celeste* unter den gleichen Umständen aufgefunden worden.

Was war geschehen?

1853 – der Krimkrieg war gerade ausgebrochen – war in Gäfle das aus Holz erbaute, mit einer sogenannten Spiekerhaut versehene, kupferfeste und als Pink getakelte Schiff *Lloyds* an die englischen Auftraggeber abgeliefert worden.

Infolge des Krieges stiegen die Frachten ungewöhnlich an, und mehr als zwanzig Jahre lang segelte die Pink, ein Vollschiff mit zwei vollen und einem halben Mast, von Kontinent zu Kontinent und wurde langsam älter.

Sie war wie damals üblich in Schweden aus Fichtenholz gebaut und machte jetzt mehr Wasser als früher. Darum sollte eine Mühlpumpe der Besatzung die Arbeit an den beiden Hauptpumpen erleichtern.

Die Eigentümer stellten das Schiff 1877 zum Verkauf, und der in London wohnende Kaufmann Carl Hoffmann erwarb es und ließ es im Schiffsregister des Amtsgerichts Memel eintragen.

Bevor das Schiff erneut auslaufen und verdienen konnte, mußte es unbedingt in die Werft; aber der neue Reeder hatte sich beim Kauf finanziell übernommen. Er fragte bei den Schiffsausrüstern herum und stieß zufällig auf Kapitän C. Burginger aus Grünhoff, der ein Schiff suchte und eine Schiffspart übernehmen wollte.

Um die gemeinsamen Investitionen abzusichern, wurde das Pinkschiff mit 70000 Mark in Hamburg versichert. Das war viel Geld für einen alten Segler.

Am 13. Januar 1880 verließ das Schiff mit einer vollen Ladung, bestehend aus Fichtenholz und einer Partie Dielen, im Schlepp eines Dampfers den Hafen von Pensacola in Alabama. Die Fracht war im Gegensatz zum Schiff unversichert.

Ein leichter Wind strich über die Küste der offenen See zu, als die Pink auslief. Die Mannschaft machte sich im Rigg zu schaffen, um die Segel setzen zu können. Die Matrosen sangen, und der am Großmast lehnende Steuermann hielt mit. Er kannte Shantys in allen gängigen Landessprachen, und so hörte er auch nicht, daß die mitfahrende Ehefrau des Kapitäns dem Koch Vorhaltungen über den maßlosen Brotverbrauch machte.

In diesem Augenblick stieß das Schiff beim Überqueren der Barre kurz auf.

Der Halbmann am Ruder hatte nichts davon bemerkt, doch der erfahrene Smutje schaute sofort besorgt den Steuermann an, der aber die Grundberührung nicht wichtig nahm.

Am 19. Januar wurde nordwärts gewendet. Das Wetter hatte sich in den letzten Tagen verschlechtert, und das Schiff stampfte hart in der groben See. Die Pumpen mußten stets in Gang gehalten werden. Brecher stürzten über die tiefliegende Reling, und die Matrosen standen bei den Segelmanövern ständig bis zum Bauch im Wasser.

Der Sturm nahm weiter zu und fegte am 3. Februar über die See, peitschte das Wasser auf und begrub die sich wehrende Pink unter grüngrauen Wassermassen. Sie lag mit der Leereling im Wasser und drohte zu kentern. Schon wollte der Alte die Masten kappen lassen, als der Orkan nachließ, das Schiff sich wieder etwas aufrichtete und die Gefahr beseitigt schien. Trotzdem hatte das alte Schiff unsichtbare Schäden davongetragen, denn es leckte nun stark, und alle drei Pumpen waren ständig im Einsatz.

Und der Weg nach England war noch weit. Langsam nur kamen sie vorwärts, und nur wenige an Bord glaubten noch, daß sie mit diesem Schiff jemals Liverpool erreichen würden.

Am 17. Februar flog in einer harten Bö die Fock entzwei, und bevor die Freiwache an Deck war, zerriß sowohl das Vormars- als auch das Großmarssegel. Nun geriet das Schiff in Gefahr querzuschlagen und von den Wassermassen umgeworfen zu werden. Es tanzte auf den gischtgekrönten Wellenbergen, die sich zehn, fünfzehn Meter hoch aufrichteten, stürzte in die Schluchten und nahm viel Wasser über. Kaskaden rauschten über das 45 Meter lange Holzdeck des Windjammers.

Unglaublich, was die ganze Mannschaft in diesen Tagen unaufgefordert leistete. Der Koch hatte seinen Platz am Herd der Frau des Kapitäns abtreten müssen und stand jetzt neben dem Steuermann an der Pumpe. Keiner sang mehr. Sie waren alle müde und zerschlagen.

Zwei Tage später brach die Ruderpinne. Das Schiff trieb steuerlos durch die See, und das Ruder schlug hart von einer Seite auf die andere und beschädigte das Heck. Es mußte unbedingt eingefangen werden, bevor es noch mehr Bruch gab.

Ohne einen Befehl abzuwarten, machte sich der Bootsmann Boklund aus Gothenburg mit den ältesten Matrosen ans Werk. Sie schafften es, und der Kapitän rief die Männer zusammen, um am Besanmast einen Schluck auszugeben.

Bei der Besichtigung des Achterschiffes stellte der Alte jedoch schwere Beschädigungen am Schiffskörper fest, die mit Bordmitteln nicht behoben werden konnten. Das Schiff löste sich auf und schien verloren. Es galt, das Leben zu retten, und der einberufene Schiffsrat beschloß einstimmig, die Pink aufzugeben.

Als der englische Dampfer *Orator* in Sicht kam, wurde schnell ein Notsignal ausgelöst, und sofort hielt der Dampfer auf sie zu und barg mit eigenen Booten die ganze Besatzung der *Lloyds.*

Am 28. Februar traf der Dampfer in Liverpool ein, und die Besatzung der Pink wurde ordentlich abgemustert und zerstreute sich in alle Himmelsrichtungen. Sie war überzeugt, daß ihr aufgegebenes Schiff untergegangen sei, und erfuhr wohl kaum etwas von den Überlegungen, die Kapitän Andersen am 9. März anstellte.

Schiffslegende
Pinkschiff *Lloyds,* erbaut 1853
Nummernflagge (1863): Memel 2
Reeder: Carl Hoffmann, London (1877–1880)
Kapitän: J. Burginger aus Grünhoff (1877–1880)
Besatzung: 18 Mann
1880 Seeverlust

Meuterei an Bord?

In ihren jungen Jahren wurde die 1854 aus bestem Eichenholz in Memel erbaute Bark *Aurora* in ferne Länder geschickt, um Handelsgüter über See zu transportieren. Es blieb der Tüchtigkeit des Kapitäns überlassen, wo und zu welchen Raten er eine Ladung auftrieb, denn das Netz der Schiffahrtsagenturen war auf die noch recht langsame Postverbindung angewiesen.

Holzschiffe alterten jedoch unter den harten Wetterbedingungen des Atlantiks schneller und bekamen wie betagte Menschen einen Buckel. Die Memeler Reederei R. Ranisch, Schwederski & Comp. zog das Schiff also rechtzeitig aus der großen Fahrt zurück und setzte es in den letzten Jahren nur in der Nord- und Ostsee ein.

Bevor die Bark in Memel im Winter 1878 mit einer Ladung Sleepers (Eisenbahnschwellen) beladen wurde, besichtigte der Experte Ranisch den Segler und befand ihn in allen Teilen als durchaus seetüchtig. Er war mit 42000 Mark bei dem Memeler Schiffsversicherungs-Verein versichert worden.

Am 4. Dezember 1878 verließ der Windjammer unter Führung von Kapitän Robert Hamann den Hafen. Bevor der Lotsenkutter Nr. 2 den Oberlotsen Flugmacher abholte, unterhielten sich die beiden Seeleute über den milden Winter, der in diesem Jahr wenig Eis gebracht hatte und die Schiffahrt im Baltischen Meer (so wurde die Ostsee damals genannt) kaum lähmte.

»Gute Reise«, wünschte er, drückte auch dem Steuermann Siebold die schwielige Hand und fügte scherzend hinzu: »Ihr seid ja bald wieder zurück.«

Kapitän Hamann lachte, ihm konnte die Reise nach London nicht schnell genug gehen, hatte er sich doch bei der aufstrebenden Königsberger Dampfschiffsrhederei um eine Stellung beworben.

Schwache, umlaufende Winde halfen dem Kapitän, die Bark von der gefährlichen Küste freizusegeln und offenes Wasser zu gewinnen. In der Nacht klarte es auf, und die Temperaturen fielen unter den Gefrierpunkt. Das Spritzwasser fror an Deck, auf dem drei Lagen Sleepers gestapelt lagen.

In der Hansezeit durfte aus Sicherheitsgründen sowohl für den Seemann als auch für den Kaufmann und dessen Waren zwischen

Harte Arbeit am Ruder

dem 11. November und dem 22. Februar kein Schiff in See gehen. Aber sicher dachten die Matrosen nicht daran. Sie fluchten bei jedem Segelmanöver, weil das Tauwerk vereist und die Segel steif und kaum zu bearbeiten waren. Ihre Hände rissen auf, und die Logis blieben ungeheizt.

Im Sund hinderte Treibeis sie an der Weiterreise, und der Alte beschloß zu warten. Er rechnete mit einem Umspringen des Windes, der das Eis dann in den Belt treiben würde. Er hätte auch einen der auf Kundschaft wartenden Eisbrecher nehmen können, aber seine Entscheidung erwies sich als richtig. Der Wind drehte, und das Eis trieb nordwärts. Am 17. Februar erreichten sie morgens um vier Uhr Hirtshals, und der Steuermann glaubte, neun Seemeilen von der Küste entfernt zu sein. Noch auf seiner Wache verschlechterte sich das Wetter. Die Küste war nicht mehr sichtbar, Schneeschauer und Hagelböen wechselten sich ab. Er lotete und fand nur noch sechs Faden (1 Faden = 1,829 m) Wasser.

Inzwischen war der Kapitän an Deck erschienen, um seine Wache anzutreten und den Steuermann abzulösen. Als er das Ergebnis der Lotung hörte, ließ er sofort die Rahen backbrassen, um die Fahrt des Schiffes aufzuhalten, aber es war zu spät. Die *Aurora* stieß auf und saß fest in der Jammerbucht.

Gewohnt, schnelle Entscheidungen zu fällen, ließ er die Deckslast über Bord werfen, um das Schiff zu leichtern. Alle packten zu, und tatsächlich kam die Bark frei. Doch hatte keiner von ihnen an das nicht festgesetzte Ruder gedacht. Es schlug um, und das Schloßholz brach. Bevor es gelang, das Ruder wieder einzuhängen, saß der Segler erneut fest.

Über Nacht blieb die Mannschaft an Bord, war aber am nächsten Morgen nicht mehr zu bewegen, die Pumpen zu bedienen. Das Wasser stand nun vier Fuß hoch im Laderaum. Zwar hatte der Schneefall aufgehört, aber alle Anzeichen sprachen für aufkommenden Wind.

Der Kapitän beriet sich in der Kajüte mit dem Steuermann. Es gab noch Möglichkeiten: Die Luken mußten geöffnet und weitere Ladung geworfen werden. Vielleicht konnte das Schiff auch abgeschleppt werden.

Es klopfte, und der Schiffszimmermann Sakewitz trat ein.

»Na, Meister Blau«, brummte der Alte, »was gibt's?«

»Wir verlassen das Schiff, Käptn. Es hat keinen Sinn mehr. Aus Westen zieht ein Sturm auf, das Schiff ist verloren!«

»Unfug! Es steht nicht gut; aber wir können nicht einfach aufgeben. Es ist unser Schiff. Geht wieder an eure Arbeit. Wir werden weiter leichtern.«

Doch der alte Schiffszimmermann wollte nicht. Er schüttelte energisch den Kopf. »Wir setzen das große Boot aus und hauen ab. Das wollte ich nur gesagt haben.«

Wütend sprang der Kapitän auf. Sein Gesicht rötete sich, das hatte er noch nicht an Bord erlebt. Er drohte: »Das ist Meuterei, Tim'mann! Ihr wißt, was darauf steht! Ich bring' euch ins Gefängnis! Zu Hause wird sich kein Hund mehr nach euch umdrehen!«

»Das ist mir egal, Käptn, für 48 Mark Monatsheuer arbeite, aber sterbe ich nicht!«

Ohne das große Rettungsboot konnten sie nicht an Bord zurückbleiben. Also fuhren die beiden Achterschiffsgäste notgedrungen mit an Land. Sofort nahm der Kapitän Verbindung mit den einheimischen Fischern auf, die auch bereit waren, das Schiff abzubringen, die jedoch, sollte der Versuch mißlingen, für ihre Anstrengungen 2000 Mark haben wollten. Darauf konnte Robert

Hamann nicht eingehen: no cure – no pay (kein Erfolg – kein Geld) war einer der Sätze, die jeder Kapitän im Sinne des Reeders beherzigen mußte.

Es wäre sowieso zu spät gewesen. Als er bei winterlicher Morgenröte am 19. Februar den Strand betrat und hinüber zur *Aurora* blickte, war die Bark, vom Sturm gebeutelt und zerzaust, nur noch ein Wrack.

Die Frage, ob eine Meuterei vorgelegen hatte, entschied das Königliche Seeamt in Memel wie folgt:

»Der Zeitpunkt, zu dem die Mannschaft – wenn auch gegen den Willen des Kapitäns – das Schiff mit dem einzigen dafür in Frage kommenden Boot verlassen hat, war die letzte sich bietende Möglichkeit, das Schiff gefahrlos zu verlassen.«

Schiffslegende
Bark *Aurora*
Erbaut 1855 bei Behrend Pieper in Memel
Nummernflagge (1863): Memel 2
Unterscheidungssignal (1869): HBGF
Reeder: Kapitän L. Dähnke, Memel (1855–1856), Eduard Döring und Partner (1856–1865), Louis MoirGobat, Memel (1866–1870), Wilhelm Pietsch, Memel (1870–1873), Rudolf Ranisch, Schwedersky & Co., Memel (1873–1878).
Kapitäne: L. Dähnke (1855–1865), J. Lindenstrauß (1865–1866), H. Minuth (1866–1867), L. Wiechmann, Memel (1867–1873), D. Stief, Memel (1873–1878), Robert Hamann (1878).
Ab 1876 Nord- und Ostseefahrt
1878 Seeverlust

Verschollen im Bermuda-Dreieck

Wenige Tage vor Weihnachten, am 20. Dezember 1877, war die Elbinger Brigg *Nummer Eins* mit einer vollen Ladung Mahagoniholz unter Führung von Kapitän Domanski von Minatitlan aus dem Golf von Mexiko nach London ausgelaufen und seitdem verschollen. Das Schiff, bei dem 1867 gegründeten Germanischen Lloyd bis 1880 klassifiziert, war 1858 auf eichenem Kiel erbaut worden, hatte aber, was ungewöhnlich war, Deck und Schanzverkleidung aus dem weicheren Kiefernholz erhalten. Fraglos eine preiswertere Bauausführung; in Schweden entstanden fast ausschließlich aus Kiefer hergestellte Segler – siehe Pinkschiff *Lloyds* –, und jede Werft verwendete die Holzarten, die vor dem Werfttor wuchsen.

Die *Nummer Eins* gehörte einer Partenreederei, deren Parten (Schiffsanteile) von der Mutter des Kapitäns, aber auch von anderen Verwandten gehalten wurden, zu denen der Schiffsführer kein gutes Verhältnis hatte, wie aus den Briefen an den Korrespondenzreeder Konsul Mitzlaff in Elbing ersichtlich war.

Fast zwei Jahre waren vergangen, als am 15. Dezember 1879 das Königliche Seeamt in Danzig zusammentrat, um herauszufinden, ob Mängel in der Bauart, der Ausrüstung oder der Schiffsführung Ursache für den wahrscheinlichen Untergang waren.

Als im Dezember 1877 die *Nummer Eins* mit neun Mann Besatzung in den Golf von Campèche einlief, um möglichst rasch aus dem sturmgefährdeten Kessel herauszukommen und den günstigen NO-Passat zu gewinnen, konnte der Kapitän nicht wissen, daß seit Juni durch ein Reichsgesetz endlich Seeämter an den Küsten eingerichtet worden waren, um Seeunfälle wirksamer untersuchen zu können.

Als sich der Vorsitzende nun erhob, flankiert von vier erfahrenen Kapitänen, seinen Beisitzern, war der Raum nur spärlich mit Zuhörern gefüllt. Natürlich saßen in der ersten Reihe die ehemaligen Partenbesitzer, die aus Tolkemit und Braunsberg herübergekommen waren und hofften, Belastendes gegen den Kapitän zu hören.

Als erster wurde der Korrespondenzreeder, der überaus geschätzte Konsul Mitzlaff, aufgerufen, um über den baulichen Zustand der Bark zu berichten.

Doch der Wahlkonsul konnte nicht viel aussagen, denn er hatte das Schiff 1875 zum letzten Mal gesehen und für gut befunden. Wem half es, wenn er heute Gegenteiliges bekennen würde? Die Ideen des Mister Plimsolls, dessen Vorlagen in England das Parlament beschäftigten, die Seetüchtigkeit der Segler strenger zu überwachen, eine Lademarke einzuführen, spukten auch in den sorgengefüllten Köpfen ost- und westpreußischer Schiffahrtskaufleute.

Er erzählte umständlich, daß die Bark 1875 aus Danzig ausgelaufen und bei Helsingör in eine Kollision mit einem britischen Dampfschiff geraten war. Infolge dieses Unfalles mußte das Schiff in Helsingör für 30000 Mark repariert werden.

Eine gewaltige Summe!

Bug, Bugspriet und der Fockmast sollten erneuert worden sein. So jedenfalls berichtete der Kapitän in einem Schreiben, auch daß sich das Schiff in gutem Zustand befinde. Trotzdem mußte im Juli 1877 ein neuer Großmast in Newcastle eingesetzt werden. Spätere Nachforschungen konnten jedoch den Schiffbaumeister oder die Werft, in der diese Reparatur vorgenommen worden war, nicht ausfindig machen, obwohl alle Möglichkeiten ausgeschöpft wurden.

Auf die Idee, daß es sich um eine Scheinreparatur gehandelt haben könnte, kam das Seeamt nicht, obwohl ein auf der Brigg angemusterter Seemann von einem neuen Mast nichts zu berichten wußte, und ein neuer Mast fällt selbst ungeübten Augen auf.

Im August versegelte das Schiff nach Malaga und von dort im September 1877 nach Minatitlan, wo es Ende November 1877, offenbar nach einer günstigen Reise, eintraf.

Der Kapitän meldete seine Ankunft an den Reeder in einem Schreiben vom 28. November 1877.

Den Daten nach zu urteilen, hatte er eine flotte Reise gehabt, und zur Bestätigung, daß sich das Schiff in einem seetüchtigen Zustand befunden habe, legte er dem Seeamt folgenden Brief vor, der verlesen wurde:

»Madeira, den 19. September 1877.

Nachdem Sie sich überzeugt oder wenigstens die Sache beim rechten Licht besehen, gehe ich auf Ihre freundliche Aussprache zurück, daß ich die Parte des Schiffes kaufen möchte. Ich wäre willens, ein Viertel der *Nummer Eins* zu kaufen, da ich weiß, daß auch im nächsten Jahr wenig Aussicht ist, viel zu verdienen und daß es den Herren sehr unangenehm ist, wenn sie kein Geld bekommen. Aber bei solchen schlechten Zeiten und Aussichten bin ich nicht imstande, mehr als 5250 Mark zu zahlen.«

Hier mischte sich der Reichsbevollmächtigte ein, der die Interessen des Staates vertrat: »Ich höre aus dem Brief nur heraus, daß dem Kapitän an einer Schiffspart gelegen war. Wir sollten uns fragen, woher denn der Kapitän soviel Geld hatte – bei den schlechten Zeiten, wie er sich selbst ausdrückte. Außerdem habe ich hier in meinen Akten den beeideten Brief des Schiffsmannes Otto Luis an seinen Vater, einen ehrenwerten Comptoirboten in Hamburg. Mit Ihrer Zustimmung darf ich ihn verlesen.«

Er klemmte sich das Monokel vor das Auge, strich mit der Hand den Schnurrbart zurecht und las: »Liebe Eltern, ich habe in Newcastle auf der *Nummer Eins* aus Elbing angeheuert, aber ich bin auf ein schlechtes Schiff geraten, das stark verrottet ist und viel Wasser macht. Bei schlechtem Wetter hält es sich eben nur über Wasser. Hoffentlich komme ich gesund wieder zurück.«

Admiral a. D. von Einsiedel räusperte sich, ließ das Monokel gekonnt in die geöffnete Hand fallen und blickte gespannt auf den Vorsitzenden, der sich mit der Feder scheinbar Notizen machte.

Vielleicht wollte er etwas sagen, aber er überließ Konsul Mitzlaff das Wort, der sich gemeldet hatte und ein neues Schreiben des Kapitäns dem Seeamt vorlegte, in dem zu lesen stand, daß das ganze Schiff nicht mehr holen würde als den Preis, den er, der Kapitän, zu zahlen gedenke. »Mir liegt daran«, schrieb er, »ein einigermaßen gesichertes Brot zu haben!«

Der Vorsitzende machte den Vorschlag, doch den ehemaligen Steward Stoll zu hören, der zwar als Dieb für sieben Jahre Zuchthaus hier einsitze, dem man aber vielleicht trotzdem glauben könne.

Die Beisitzer nickten stumm mit den Köpfen, und so wurde der Zuchthäusler Stoll vorgeführt.

»Nun erzähl mal, was du so an Bord gesehen und erlebt hast«, forderte ihn der Vorsitzende auf.

Stoll, kaum älter als dreißig, aber in der Anstaltskluft irgendwie verbraucht aussehend, nickte, schluckte und erzählte: »Ich habe in Newcastle angemustert, als Koch und Steward. Das Schiff lag schon segelfertig und beladen am Kai und machte auf der Reise nach Madeira viel Wasser. Es mußten immer zwei Mann an der

Pumpe stehen, und der Zimmermann hat fortwährend dichten und kalfatern müssen. Ja, und auch das Tauwerk ist morsch gewesen und beim Segelsetzen oft wie Zunder gerissen.«

Ob ihm in Newcastle der neue Großmast aufgefallen sei, wollte ein Beisitzer wissen.

»Ein neuer Großmast? Nicht daß ich wüßte.«

»Und warum bist du entlassen worden?«

»Das war so. Wir konnten nicht recht miteinander. Ich war ja der Koch an Bord, und die Mannschaft wollte von mir gutes Essen, nicht? Aber wenn nichts da ist, das Salzfleisch in der Lake stinkt, der Schiffszwieback voller Maden ist, dann ist das alles Schiet. Darum hatten wir Streit. Und dann gingen ja auch in Madeira die Ratten von Bord!«

»Abergläubisch bist du also auch noch, was?« warf der Admiral ein und lachte.

»Das Schiff is' man aber weg, oder?«

Stoll wurde abgeführt. Der Vorsitzende schüttelte den Kopf.

Das Seeamt kam zu der Überzeugung, daß der wahrscheinliche Untergang der *Nummer Eins* in keinen Zusammenhang mit der angeblichen Seeuntüchtigkeit des Schiffes zu bringen war.

Von der *Nummer Eins* und deren Besatzungsmitgliedern hat kein Mensch mehr gehört. Die See zerschlug das Schiff irgendwo in der Weite des Ozeans und deckte die Untergangsstelle mit ihren grüngrauen Wassermassen zu.

Schiffslegende
Brigg *Nummer Eins*
Erbaut bei Carl Hermann Mitzlaff in Elbing
Unterscheidungssignal (1869): HJBK
Reeder: Gebrüder Mitzlaff, Elbing (1858–1873), Edward Hay, Pillau (1873–1876), Adalbert Emil Buttkus, Memel (1876–1878)
Kapitäne: H. Brosch (1858–1869), L. Domansky, Danzig (1869–1878)
1878 Seeverlust

Aufgegeben und eingeschleppt

In den ersten Januartagen anno 1882 meldete das »Memeler Dampfboot«, die gut informierte einheimische Zeitung, daß der Dampfer *Agathe* der Memeler Dampfschiffs-Aktien-Gesellschaft im verflossenen Jahr einen Gewinn von 25,07 Prozent erzielte und daß in Kiel zwei neue Dampfschiffe bestellt wurden, die noch im selben Jahr abgeliefert werden sollten. (Die Schiffe waren bei Howaldt geordert worden, und die Werft lieferte die *Königin Luise* 1882, die *Littuania* ein Jahr später ab.)

»Wie wir kurz vor Redaktionsschluß erfuhren«, heißt es auf der letzten Seite, »soll auf der Fahrt nach Connecticut die Memeler Bark *Allegro* im Sturm gesunken sein.«

Am nächsten Tag erschien, wohl nach erfolgter Rücksprache mit dem Memeler Schiffsversicherungs-Verein, bei dem die kleine Bark mit nur 24000 Mark versichert war, folgende ergänzende Mitteilung: »Das 47 Meter lange und 8,5 Meter breite Schiff ist 1859 zu Stettin aus bestem Eichenholz mit buchenem Kiel kupferfest gebaut worden und befand sich im besten Zustand. Noch im November 1881 lag der Segler hier im Hafen, um eine Ladung, bestehend aus Balken, Sleepers und Splittholz, für das ferne Amerika zu übernehmen. Ein Teil der Holzladung wurde wie allgemein üblich an Deck verstaut und dort seemännisch mit Ketten festgezurrt.

»Ich habe das Schiff am 26. November noch auslaufen sehen, das beim Germanischen Lloyd mit A1 bis März 1884 classificiert worden war, und längere Zeit mit dem Schiffseigner, dem Herrn Kapitän Boese, gesprochen, der den beschwerlichen Weg auf die Mole nicht scheute, um dem hinausziehenden Segler für die lange Reise nach dem fernen Kontinent alles Gute und eine schnelle, glückliche Heimkehr zu wünschen. Noch immer können wir nicht über das Schicksal der sich an Bord befindlichen neun Mann berichten, auch nicht, ob der Kapitän Wilhelm Lindenau gerettet wurde.«

Im Februar, das Eis hatte inzwischen die Schiffahrt auf dem Haff einschlafen lassen, saßen im Sandkrug auf stabilen Holzbänken am warmen Kachelofen, der wie ein mächtiger dunkler Schiffsbug in die Gastwirtschaft hineinragte, ein paar Seeleute zusammen.

Der Memeler Lotsenkommandeur Krüger hatte sich neben dem nach Hause zurückgekehrten Steuermann Robert Maschke niedergelassen, der mit der *Allegro* im November 1881 ausgelaufen war.

Krüger blickte nachdenklich auf die am Nachbartisch müde sitzenden russischen Postkutscher, unter deren Tisch der Hund im Traum kurz aufjaulte.

Es dauerte nicht lange, und Maschke wurde aufgefordert, über die letzte Reise des Seglers zu berichten. Er ließ sich nicht bitten, nahm noch einen kräftigen Schluck aus dem dickwandigen Bierseidel und begann: »Ja, das war so. Kaum hatten wir die Mole außer Sicht, da war das gute Wetter schon vorbei. Es war auch kälter geworden, und wir gerieten in einen heftigen Südsüdweststurm. Das Schiff arbeitete schwer in der kurzen See, und bald war die verdammte Decksladung locker und begann zu rutschen. Keine Hand war vor den Augen zu sehen, so dunkel hüllte uns die Nacht ein, und das eiskalte Wasser stand an Deck.

Es half nichts, wir mußten raus aus den Kojen und alle Mann an Deck, um die Decksladung erneut zu zurren. Das Schiff war eigentlich noch nicht alt und die Ausrüstung wie üblich in diesen lausigen Zeiten. Gespart wird ja überall. Der Kapitän stand unverzagt an Deck und trieb uns an.

Natürlich hatte er recht, wenn er behauptete, daß wir schnell den Atlantik gewinnen müßten, um uns in Sicherheit zu bringen. So blöde und dumm das auch klingt, recht hatte er, aber der Atlantik war noch verdammt weit entfernt. Ich habe nichts gesagt, aber gedacht habe ich mir mein Teil.

Am Sonntag – ja, es war die Sonntagnacht vom 4. zum 5. Dezember, als wir Cap Lindenaes passierten –, am Sonntag war das Wetter handiger geworden, wir hatten alle Segel stehen, aber es hielt sich nicht. Zwei Tage später lagen wir wieder im Kuhsturm vor Sturmsegel. Die Seen deckten uns zu, und die Decksladung kam erneut ins Rutschen. Trotzdem ging es weiter. Wäre der Alte nicht so eigensinnig und stur gewesen, wären wir umgedreht und zurückgelaufen, aber er wollte westwärts, weiter westwärts, da gab es keinen anderen Gedanken bei ihm.

Wir machten Meile um Meile gut. Am 16. passierten wir North Foreland. Es war ein Sonnabend. Die Leute freuten sich, nur das Notwendigste arbeiten zu müssen, als ein neuer Sturm durch den Kanal fegte und alle Pläne über den Haufen warf.

Bis dahin hatten wir das Schiff trocken halten können, aber das war nun vorbei.

Wir wissen ja, daß mit einer Holzladung im Bauch die Dinge nicht so dramatisch zu nehmen sind, wenn das Schiff ein paar Zoll Wasser auf jeder Wache macht. Gott bewahre mich vor einem aus Eisen gebauten Windjammer! Prost!«

Für eine lange Weile war nur das Gluckern und geräuschvolle Schmatzen der biertrinkenden Männer zu vernehmen. Dann fuhr der Erzähler in seinem Bericht fort: »Am Sonntag, nichts hatte am Morgen darauf hingedeutet, brach ein Orkan aus Westnordwest los. Das Vormarssegel zerriß und flog knallend aus den Lieken. In der Kreuzsee taumelte die *Allegro* hin und her. Sie lag mit dem Bug und der Leeseite ständig unter Wasser.

Ich wurde krank, fieberte und mußte mich zu jeder Wache an Deck schleppen. Allein konnte das der Alte nicht schaffen, obwohl er kaum schlief. Verdammt, ich weiß wirklich nicht, wann er geschlafen haben könnte, denn er stand immer oben neben dem Ruder und beobachtete sein schwer angeschlagenes Schiff.

Wir nahmen so viel Wasser über, daß unsere Männer von den Pumpen weggewaschen wurden! Abends stand auf dem Fußboden in der Kajüte eine Handbreit Wasser. Das haben wir zwar noch ausgeschöpft, aber es kam neues, und der Zimmermann mußte Löcher ins Deck bohren, damit es in den Laderaum ablaufen konnte.

Wir brauchten eine trockene Kajüte, weil sonst der Proviant verdorben wäre, und was das heißt, das muß ich euch hier am Tisch nicht erst erklären.

Dann stellte sich heraus, daß auch der Laderaum voll Wasser war, und das Schiff legte sich immer mehr auf die Leeseite, so daß das Deck halb unter Wasser kam. Die Nocken der Großrah lagen im Wasser. Es ging dem Ende entgegen, jeden Augenblick konnte das schwer angeschlagene Schiff kentern, aber der Alte wollte nicht aufgeben.

Um die Ladung und das Schiff zu retten, beschloß Lindenau, es war um Mitternacht herum, die Masten kappen zu lassen. Aber die Leeseite lag im Wasser, und wir konnten dort die Wanten nicht abschlagen. Die Masten blieben also am Schiff hängen und schlugen gegen die Bordwand.

Mit der Mannschaft war nichts mehr anzufangen, die war total erschöpft. Es gab an Bord keine trockene Koje mehr und auch keine trockenen Plätze. Die Männer standen oben an Deck neben dem stehengebliebenen Besanmast. Der Proviant war weggewaschen. Ein bißchen Brot fand sich noch, aber auch das schmeckte salzig. Am Morgen setzten wir endlich das Notsignal, und der schwedische Schoner *Lisboa* kam uns zu Hilfe. Kennt einer von euch Schiffer Hokanson aus Helsingborg?«

Krüger horchte auf. »Hokanson, Hokanson – so ein kräftiger Kerl mit Gardemaß? Ist das der Hokanson?«

»Ja, bestimmt, das ist er! Das ist der Hokanson. Ein feiner Mann, dieser Schiffer! Der Sturm hatte sich etwas gelegt, und wir bekamen endlich den Großmast los, nur der Fockmast blieb hängen, und unsere Schiffsbeile waren über Bord gewaschen worden. Verdammt, das war auch so eine Sache. Da standen wir nun herum und wußten nicht weiter, aber der Alte wollte nicht aufgeben, ein zäher Hund! Dann brach auch noch die Ruderkette, und so verließen wir im eigenen Boot unser sinkendes Schiff, und die *Lisboa* brachte uns nach Dover.«

»Und was geschah mit der *Allegro*?« fragte einer der Seeleute.

»Die ist nicht untergegangen, sie schwamm weiter. Der Dampfer *Herkules* schleppte das Wrack nach Nieuwediep.«

Der Lotsenkommandeur wollte wohl noch etwas fragen, denn es gab in dieser Erzählung einige Widersprüche, aber der Wirt drehte den Docht der Petroleumlampe tiefer und sagte, nur mühsam ein Gähnen unterdrückend: »Feierabend für heute, Leute! Gute Nacht!«

Schiffslegende
Bark *Allegro*
Erbaut 1858 bei E. Zieske in Stettin
Nummernflagge: Stettin 17
Unterscheidungssignal 1869: JBDV, ab 1904: RNFL
Reeder: J. G. Ludendorff & Co., Stettin (1859–1879), Henry Fowler und Partner, Memel (1879–1882), N. Krauenborg, Holland (1882–1904), umgetauft in *Adelaar*, August Cords, Rostock (1904), Otto Krummhausen, Hamburg (1904–1907), Ernst Söderlund, Marienhamn (1907–1910)
Kapitäne: L.-W. Müller (1859–1864), W. A. Kempe, Kamin (1865–1879), August Böse (1879–1881), Wilhelm Lindenau (1881).

Die Bark war 1872 auf Großer Fahrt, aber schon 1876 in der Nord- und Ostsee beschäftigt. 1910 auf der Perowbank gestrandet. Die Holzladung trieb an Land und wurde von den Anwohnern zum Hausbau verwendet.

Die Brigg verloren

Im Winter 1880/81 hatte der Schiffseigner und Kapitän der in Elbing aus bestem Eichenholz gebauten Brigg *Eleonora* beim Schiffsversicherungsverein in Memel schriftlich den Antrag gestellt, die Versicherungssumme für sein 46 Jahre altes Schiff von derzeit 8000 Thaler (24000 Mark) auf 5000 Thaler herabzusetzen, um die Prämie zu ermäßigen, denn die Zeiten waren schlecht, der Handel klein, die Frachten niedrig; aber der Verein hatte abgelehnt.

Brummend und laut fluchend hatte der untersetzte, breitschultrige Schipper den Bescheid entgegengenommen, aber nirgendwo konnte er seinen Segler so günstig versichern wie in dieser alten Genossenschaft, und versichert mußte er sein, denn mehr als diese betagte Brigg und ein Häuschen in Memel besaß er nicht. Hinzu kamen die nicht unbeträchtlichen Kosten für den Klassenerhalt, denn er hatte die Brigg schon früh beim französischen Veritas ›classificieren‹ lassen, lange bevor es den Germanischen Lloyd gab, der erst 1867 gegründet wurde. Ohne gültige Klasse – den TÜV für Schiffe – gab es kaum noch Ladung in Europa, weil die Versicherer die Prämien nach oben schraubten.

Sicher hatte er mehr als einmal darüber nachgedacht, das Schiff zu verkaufen, aber für einen alten Windjammer gab es kaum noch Geld, und was dann? Er war 66 Jahre alt, Zeit also, um hinterm Ofen sein Garn zu spinnen. Aber mit wem und von was leben? Nein, ihm blieb nur die kleine Brigg, die wie er ihre besten Zeiten hinter sich hatte, und das einsame Leben eines Kapitäns auf See, das ihn hart, barsch, eigensinnig, aber nicht unmenschlich gemacht hatte.

Aber daran dachte der Schiffsführer Robert Klemke am 3. Oktober 1881 nicht, als sein Schiff von Hartlepool kommend und nach Memel mit einer vollen Ladung Nußkohle bestimmt, bei Bornholm einen schweren Oststurm überstanden hatte.

Nun saß er in seiner Kajüte und überflog die in den letzten Tagen vorgenommenen Tagebucheintragungen.

29. September 1881: Schwerer Oststurm, Wasser über Deck und Luken. Liegen unter kleinen Sturmsegeln beigedreht.

Verschanzung an Steuerbord eingeschlagen, reparieren sie notdürftig. Der Proviant wird knapp.

30. September 1881: Starke Sturmböen aus Osten, heftige Regenschauer. Das Schiff arbeitet schwer in der sehr groben See und macht mehr Wasser.

1. October 1881: Immer noch Oststurm, kaum nachlassend, bedeckter Himmel, sehr steife Böen. Das Vorschiff ist ständig unter Wasser. Obwohl beide eisernen Pumpen in Betrieb sind, wird das Schiff nicht mehr lenz. Hoffentlich finden wir das Leck. Gott schütze uns.

2. October 1881: Wind langsam abflauend und nach Süd drehend. Das Leck ist nicht zu finden. Wahrscheinlich ist es im Laderaum an unzugänglicher Stelle. Nach Rücksprache mit dem Steuermann kürze ich die tägliche Brotration um die Hälfte. Nehmen wieder Kurs auf Memel.

Er hatte an dem Tag neue Hoffnung geschöpft, denn nach dem Besteck waren sie nur noch 200 sm von Memel entfernt. In dreißig Stunden konnten sie im Hafen liegen und ausruhen.

Doch daraus wurde nichts. Mehr als zweihundert Stunden vergingen, bis das Leuchtfeuer von Nidden endlich in Sicht kam, denn der Wind drehte zwar günstig auf Südwest, aber nahm von Stunde zu Stunde zu und wehte schließlich aus allen Knopflöchern.

Die ostpreußische Küste lag in Lee, und sie mußten beidrehen, um nicht irgendwo auf der Nehrung zu stranden.

14 Jahre war der Kapitän mit der kleinen Brigg unterwegs gewesen, und er konnte sich nicht erinnern, auf einer so kurzen Reise soviel schlechtes Wetter erlebt zu haben.

Rechtzeitig hatten sie drei Bälle an der Gaffel befestigt, das Zeichen für den nahen Dampfer *Agamemnon* vom Schiffsversicherungsverein, daß sie sich in Not befanden.

Am 12. Oktober um acht Uhr kam der Lotse Ringelmuth an Bord und zerstörte alle Hoffnungen. Er sagte: »Kapitän Klemke, der Sturm hat das Schiff arg gebeutelt. Lassen Sie das Signal wegnehmen, der Dampfer kann Sie nicht einschleppen, er ist zu schwach, die Strömung im Fahrwasser zu stark. Außerdem geht Ihr Schiff für den augenblicklichen Wasserstand zu tief.«

Das waren bittere Worte, und Robert Klemke mußte schwer schlucken. Er konnte den Feuerturm auf der Mole sehen, die rettende Einfahrt.

»Da ist doch noch der fiskalische Dampfer *Aachenbach,* kann der uns nicht helfen?«

»Nein, der befindet sich in der Werft mit Kesselschaden, und ein Einsegeln bei den Windverhältnissen wäre Selbstmord! Ich bleibe gern an Bord, und wenn der Wind handiger wird, versuchen wir es.«

Doch der Schiffsführer brauchte nicht zu überlegen. Der Proviant ging zur Neige, und er konnte keinen zusätzlichen Esser an Bord gebrauchen. Auch dachte er an die möglichen Kosten einer Rückführung des Lotsen aus einem Nothafen.

So verließ der Seelotse wieder den angeschlagenen Segler, der Kurs auf die offene See nahm.

Um die Brigg über Wasser zu halten, mußte weitergepumpt werden. Sie warfen 2000 Körbe Kohlen über Bord, um das Schiff zu leichtern.

Und doch nahm das Wasser im Laderaum zu, während die Kräfte der Besatzung abnahmen. Zum ersten Mal kam dem Kapitän der Gedanke, das Schiff, sein Schiff, aufzugeben.

Als dann am Sonnabend die Memeler Bark *Express* gesichtet wurde, setzten sie die Notflagge. Doch ein Übernehmen der Leute kam infolge der ungünstigen Wetterlage im Augenblick nicht in Betracht. Die *Express* wollte über Nacht in der Nähe bleiben; jedoch war das Schiff verschwunden, die *Eleonora* wieder allein, als der Morgen graute.

Noch einmal keimte Hoffnung auf, als der Sturm abflaute. Sie wendeten und nahmen sofort Kurs auf Memel, vier Stunden später herrschte jedoch erneut Westsüdwest-Sturm, und die *Eleonora* mußte wieder abdrehen.

Plötzlich wusch eine gewaltige Sturzsee alle Mann von den Pumpen fort und schlug das bei Bornholm geflickte Schanzkleid erneut ein. Das Schiff legte sich hart über, ein Teil der Ladung war verrutscht.

Der Kapitän ließ die Anker und Ketten werfen, aber er erkannte, daß sein Schiff die Nacht nicht überstehen würde. Am Morgen des 16. Oktober nahm er schweren Herzens Kurs auf die russische Küste.

Unter Vor- und Großuntermarssegel liegend, lief die Brigg mit sechs Knoten Fahrt auf den Strand zu. Der Kapitän wandte sich ab, Tränen standen in seinen Augen. Dann ein Ruck, das Schiff bäumte sich auf und lag in der tosenden Brandung still.

Beide Boote, rechtzeitig fertiggemacht und sofort niedergelassen, kenterten. Die Vorräte gingen verloren. Dann brach eine schwere See das Heck auf. Die ganze Mannschaft rettete sich in die Masten.

Von Land her war die Strandung bemerkt worden, aber der Rettungsmannschaft gelang es nicht, eine Leine über das Schiff zu schießen, um die Leute mittels Hosenboje an Land zu bringen.

Immer wieder versuchte der Kapitän, seine Leute aufzumuntern, und bat sie auszuhalten. Er wollte jetzt nicht auch noch Menschen verlieren.

Erst zwölf Stunden später, mitten in der Nacht, kam ein Dampfer aus Windau und barg die zehn Mann starke Besatzung mit einem Boot.

Als der Dampfer Kurs auf Windau nahm, stand am Heck der einsamste Mann in dieser Nacht, Kapitän Robert Klemke. Er schaute hinüber zu den Trümmern seiner einst stolzen, geliebten Brigg, die er verloren hatte. Aber seine Leute hatte er mit der absichtlich herbeigeführten Strandung gerettet.

Schiffslegende

Brigg *Eleonora,* erbaut 1835 bei Daniel Fechter in Elbing

Nummernflagge: Memel 33

Unterscheidungssignal: HBCT

Reeder: J. G. Gerlach, Memel (1845–1866), Wilhelm Robert Klemke, Memel (1866–1881)

Kapitäne: F. Dannenberg (1835), H. Becker (1836–1845–1856), Wilhelm Robert Klemke (1856–1864), J. Ricklas (1864–1866), Wilhelm Robert Klemke (1866–1881)

Seeverlust 1881

Das gelöschte Licht

Die Brigg *Der Adler,* Unterscheidungssignal HBFG, war 1838 aus abgelagertem gesundem Eichenholz in Memel gebaut und mit 775 cbm Netto-Rauminhalt vermessen worden.

Sie gehörte zu zwei Fünftel dem Schwiegervater des Kapitäns, dem Bäckermeister Leopold Schlaffhorst, ein Fünftel hatte die Braut als Mitgift in die Ehe gebracht, und genau die gleiche Part hielt der Schipper. Der Rest verteilte sich zu gleich großen Anteilen auf die Handlung R. Ranisch, Schwederski & Co. und auf Frau Schlaffhorst in St. Petersburg.

Die Brigg war 1881 zwar schon 43 Jahre alt, aber noch immer ein starkes, solides, vollkommen dichtes Schiff, das jedem Sturm trotzen konnte. Noch im letzten Herbst hatte es eine volle Ladung Salz von Liverpool nach Memel gebracht.

Beim Memeler Schiffsversicherungsverein war es mit 24000 Mark angemessen, aber nicht zu hoch versichert, denn es war erst vor drei Jahren neu verbolzt worden.

Am 7. Dezember 1881 strandete der Segler auf der Reise von Memel nach England bei diesigem Wetter auf Öland.

Der Spruch des Seeamts zu Königsberg vom 28. Februar 1882 lautete trocken: »Die Ursache des Seeunfalls ist lediglich in einer Stromversetzung des Schiffes, in Verbindung mit dem Umstande zu finden, daß entlang der Küste über der See lagernde Dunstmassen das Feuer auf der Südspitze Ölands der Beobachtung entzogen.«

Was war wirklich an Bord geschehen? In einem längeren Brief an seinen Schwiegervater versuchte Kapitän Franz Pooch den kurzen Reiseverlauf und das bittere Ende der Brigg zu erklären:

»Kalmar, Schweden, am 10. December 1881

Verehrter Herr Schwiegervater!

Wie Sie wohl schon aus Zeitungsberichten erfahren haben, ist es nicht gelungen, die Brigg vom Strande zu befreien. Lassen Sie mich bitte in meinen Ausführungen zurückgehen auf den Tag der Abreise und dann fortfahren.

Wir hatten, wie Sie wohl wissen, eine Ladung von Balken, Latten, Planken und Stäben übernommen und waren am 4. December in See gegangen. Die Mannschaft bestand aus dem Steuer-

Die Schiffswerft Behrend Pieper in Memel

mann Gustav Wenzel, den Sie mir noch empfohlen hatten, einem Zimmermann, dem Koch, zwei guten, älteren Matrosen, einem Leichtmatrosen, einem Halbmann und einem Jungmann. Wir waren also mit Leuten gut versehen.

Als der Lotse von Bord ging, wehte eine frische SSO-Brise, aber schon am nächsten Tag drehte der Wind westlich und blies auch mitunter aus Süden, so daß stets alle Segel beigesetzt waren.

Astronomische Berechnungen konnten nicht gemacht werden, da der Horizont niemals klar genug war. Den Fortgang des Schiffes konnte ich daher nur nach der Logge und dem Koppelcurs controliren.

Wir machten nur wenig Fahrt. Am Abend des 5. und am Morgen des 6. December herrschte fast vollständige Windstille, die See war ruhig.

Am Mittwoch, den 7. December gegen 8 Uhr, ließ ich das Loth werfen und fand 33 Faden Wassertiefe. Abends wurden 38 Faden gelothet. Danach standen wir gut frei von Öland. So glaubte ich jedenfalls, auch hoffte ich, das Leuchtfeuer von Ölands Södra Udde auszumachen, und schickte des öfteren den Zimmermann Hechel, der wohl die besten Augen an Bord von uns allen hat, in den Mars zum Auslugen. Er konnte jedoch nie etwas melden, obwohl der Mond sichtbar war.

Um 10 Uhr stieß das Schiff auf Steingrund auf. Ich versuchte, durch Backbrassen der Segel das Schiff abzubringen, aber es bewegte sich nicht.

Fast unmittelbar, nachdem die Brigg festgerathen war, wurde ein Licht sichtbar, welches sich bewegte und welches alsbald als das soeben aufgebrachte Toplicht eines unter Land liegenden Dampfers erkannt wurde. Von demselben – es war der Bergungsdampfer *Carlssund* – kam bald darauf ein Boot an, welches die Hülfe des Dampfers anbot.

Ich nahm, wenn auch sehr aufgebracht und wütend, an. Trotzdem kam er erst um 5 Uhr morgens des 8. Decembers herbei.

Bis dahin hatte ich vergebliche Versuche gemacht, das Schiff abzubringen, das hart aufgestoßen war und schon zwei Fuß Wasser in der Cajüte hatte.

Aber auch dem Dampfer gelang es nicht, uns abzubringen.

Wir warfen sehr viel Ladung über Bord, brachten einen Anker aus, und am nächsten Tag versuchte der Dampfer erneut, uns abzutauen. Aber auch dieser Versuch mißlang. Am 10. December –

der Wind wehte frisch aus Ost und die See nahm zu – verließen wir das inzwischen ganz voll Wasser gelaufene Schiff.

Der Dampfer brachte uns nach Kalmar. Das Schiff ist vollständig verloren, das Inventarium zum größeren Theil gerettet.

34 Jahre lang fahre ich als Kapitän und habe alle Meere befahren, ohne jemals einen Seeunfall zu erleiden.

Auch diese Strandung wäre nicht erfolgt, wenn der Dampfer *Carlssund* die nach dem internationalen Straßenrecht auf See vorgeschriebene kugelförmige Laterne geführt hätte (Verordnung von 1880).

Ich bin sicher, daß der Führer des Bergungsdampfers uns gesehen hat und darauf wartete, daß die Strandung erfolgen sollte, um dann von dem Bergungsgeschäfte den eignen Vortheil zu ziehen.

Ich bin sicher, daß mir das Seeamt Handlungen oder Unterlassungen, durch welche der Seeunfall verschuldet wurde, nicht zur Last legen wird.

Ich darf Sie, verehrter Herr Schwiegervater bitten, diesen Brief an die Handlung R. Ranisch zur gefälligen Kenntnisnahme weiterzuleiten.«

Schiffslegende

Brigg *Der Adler* ex *Alarm*

Erbaut 1838 bei Behrend Pieper in Memel

Nummernflagge: Memel 1

Unterscheidungssignal: HBFG

Reeder: Hahn & Co., Memel (1838–1843), H. R. Behrendt (1844–1865), umgetauft in *Der Adler*; E. Mayer, Memel (1865–1866), Rudolf Ranisch, Schwedersky & Co., Memel (1867–1881)

Kapitäne: E. Siebert (1853–1854), E. Wilson (1854–1855), H. Scheibenhuber (1855–1860), A. Ohm (1860–1867), F. E. Poch (1867–1881)

Am 2. März 1867 ersteigerten Rudolf Ranisch, Schwedersky & Co. die Brigg in Memel.

1881 Strandung

Zerschlagen in der Tannisbucht

Ich kreuzte mit der *Amphitrite,* einem kleinen Kajütboot, im vergangenen Sommerurlaub im Kattegatt, rundete bei gutem Wetter Skagen und brauchte nur wenige Schläge bis Hirtshals.

Dann kehrte ich um, weil ich auf den alten, nicht sichtbaren Spuren der Koggen das Rev runden wollte, ohne mich dabei nach den modernen Leuchttürmen und roten Feuerschiffen zu richten, sondern nach den alten Kirchtürmen und dem Handlot, dem wichtigsten nautischen Hilfsmittel der damaligen Zeit.

Neben mir lag ein altes Seebuch aus dem 16. Jahrhundert, als sich die preußischen Schipper noch rühmten, die ›Kunst der Navigation im Kopf zu haben‹. In diesem Erfahrungshandbuch für Seefahrer aus damaliger Zeit stehen über die Umrundung von Kap Skagen folgende ins Hochdeutsche übersetzte Zeilen:

»Item wenn man segeln will aus dem Swin nach dem Jütischen Riff (Skagen) und vom Lande ab auf 27 Faden kommt, so muß man Nordnordost gehen bis an das Riff, und den Kurs muß man so lange halten, bis man auf 40 Faden keinen Grund hat, dann geht man Nordost zu Ost, bis man Jütland zu sehen bekommt, und dann könnt ihr den Kurs setzen, und zwar so, daß ihr Land vermeldet bis nach Skagen.

Item, sobald man Skagenriff passiert hat und bei 14 Faden weichen Grund findet, geht man südwärts . . .«

Ich wollte an dem Tag aber nicht weiter südwärts segeln, obwohl eine frische Brise aus West wehte, sondern hatte Sehnsucht nach einem guten Essen und einem richtigen Bett. Also lief ich den Hafen von Skagen an, machte das Schiff und die Segel fest und meldete mich beim Hafenmeister.

Als er den Namen meines kleinen Bootes in sein dickes Buch eintrug und mir die Hafengebühren abknöpfte, sagte er so ganz nebenbei: »Gammle-Skagen har en fin Fiskkro, hurtig og god betjening, de het ogsa *Amphitrite.*«

Das war ein guter Grund, um meinen Magen auf spätere Zeiten zu vertrösten. Ich ließ also mein Boot hinter den nach Tang und alten Fischen riechenden Fischkuttern liegen und machte mich auf den Weg nach Alt-Skagen, das auf der anderen, der westlichen Seite der schmalen Landzunge liegt.

Als ich den alten Krug, benannt nach Poseidons Gattin, betrat, fiel mir sofort das vom Zahn der Zeit mitgenommene Schiffsbrett auf, in dem der Name *Amphitrite* eingeschnitzt und mit abbrökkelnder Goldfarbe nachgezogen war. Das war ein echtes Schild, wie es früher am Heck oder Kajütaufbau der hölzernen Windjammer angebracht war.

Und der Wirt, ein ehemaliger Fischer, erinnerte sich, ohne überlegen zu müssen, an die Geschichte, die Nils Hansen, der ehemalige Leuchtturmwärter der alten Blüse, seinem Vater erzählt hatte: »Das war ein deutsches Schiff, das hier vor langer, langer Zeit strandete, bevor die See es zerschlug.«

»Woher kam es?« fragte ich. »War es ein Segler aus Lübeck, Stralsund, Danzig oder Barth?«

Er zog die breiten Schultern hoch, wußte es nicht, und ich war enttäuscht. Dann haute er mir ohne Warnung eine Hand auf die Schulter, daß sie schmerzte, und sagte: »Wir haben eine Karte, eine alte Seekarte von dem Schiff, warten Sie ...«

Und dann saß ich gespannt über der englischen Seekarte »The North Sea compiled by Ja'n Imroy & Son 1877« und entzifferte unten am Kartenrand folgenden handschriftlichen Vermerk: *S. Amphitrite, geführt v. Capt. Grau aus Memel A. 1881.*

Es war damals üblich, Seekarten, Doerings nautischen Kalender und Seehandbücher so zu zeichnen, da sie in der Regel auch Eigentum des Schiffsführers waren. Aufmerksam suchte ich die Karte nach weiteren Anhaltspunkten und Zeichen ab, die Stechzirkel und Bleistift hinterlassen hatten, und fand einen langen Kursstrich, der vom Mündungsgebiet der Themse bis weit ins Kattegat führte.

Er war nur durch einen kleinen Querstrich auf 55 Grad nördlicher Breite und 4 Grad östlicher Länge unterteilt, neben dem das Datum vom 14. November stand: offensichtlich die Mittagsbreite, die der Kapitän durch eine Kopplung gewonnen haben mochte.

Sonst waren auf der Seekarte keine weiteren Vermerke, obwohl das Schiff erst zwei Tage später strandete. Aber es war die Seekarte, die später bei der Untersuchung vor dem Seeamt in Memel als verschwunden galt. Und ich wußte jetzt auch, warum: Denn es waren gerade die fehlenden Zeichen, die das Ende des Windjammers, den Grund der Strandung erzählten.

Die mit 1350 cbm Netto-Raumgehalt vermessene große Bark war 1864 in Memel bis auf Schanzkleid, Verdeck und Kajüte aus

Eichenholz mit eichenem Kiel erbaut und erst 1880/81 im Winter zwecks Verlängerung der Klasse gekielholt und neu kalfatert worden. Es wurden zwölf eiserne starke Knie im Zwischendeck (!) eingezogen und mehrere Decksbalken erneuert.

Die große Bark gehörte einer Reederei, deren Korrespondenz von dem Schiffsreeder Schulz in Memel geführt wurde. Versichert war der Windjammer angemessen mit 54000 Mark, teils in Hamburg, teils beim Memeler Versicherungsverein.

Der Wind hatte in den vergangenen zwei Jahrzehnten den Segler in viele Häfen der Erde gezogen, und das Glück, das Schiff und Kapitän haben müssen, war ihnen hold gewesen – bis zu dieser kleinen Reise, die am 12. November 1881 angetreten wurde.

Sie hatten in London lange Zeit gebraucht, um eine Ladung Holz zu löschen, und sollten schnell in Ballast zurück nach Memel versegeln, wo sie Eisenbahnschwellen für Amerika übernehmen wollten.

Wohl auch wegen der längeren Hafenliegezeit in London war es zwischen dem alten Schipper Grau und Steuermann Schwaiger, der auf diesem Schiff seine erste Reise machte, zu ernsten Meinungsverschiedenheiten gekommen. Den elf Besatzungsmitgliedern war klar, daß Schwaiger in Memel abgemustert werden würde.

Grau hatte, um seine Stellung abzusichern, eine kleine Part im Schiff stehen, das er seit 1870 führte. Er war ein eigenwilliger Mensch, verschlossen, rechthaberisch und bereit, seine Autorität jederzeit mit der Faust zu verteidigen.

Als der Segler seine Reise in Ballast antrat, gingen sich die beiden im Achterschiff untergebrachten Männer aus dem Weg. Das Wetter begünstigte dieses Verhalten, denn bei nur mäßigen Winden erforderten die Segelmanöver nie die Freiwache an Deck.

Am 16. November stand das Schiff um vier Uhr morgens in der Nähe von Skagen. Die Sicht war wie in den vergangenen Tagen schlecht, und das Schiff machte kaum mehr als zwei Knoten Fahrt, als der Steuermann die Wache übernahm.

Die beiden so unterschiedlich veranlagten Männer standen auf dem Achterdeck nur kurz nebeneinander, dann knurrte der Alte: »Ich geh' schlafen. Vor Hellwerden kommt Hirtshals nicht in Sicht. Loten Sie um sechs Uhr!«

Und ohne zu grüßen war er in seine Kajüte verschwunden.

Schwaiger, jung und sensibel, ärgerte sich darüber. Der Kapitän hatte ihm wiederholt klarzumachen versucht, daß er nichts zu sagen habe und noch viel würde lernen müssen, aber nicht aus Büchern.

»Bücher«, behauptete er, »sind da, um dammlich zu machen. Im Kopf muß man es haben, im Kopf, Steuermann!«

Und das war mit ein Grund, warum der Steuermann blind weiterfuhr, ohne sich um den Standort des Schiffes zu kümmern, denn er hätte, um in der Seekarte nachsehen zu können, die Kajüte des Kapitäns betreten müssen.

Zwischen fünf und sechs Uhr bemerkte der auf Ausguck stehende Matrose Rindfleisch in Lee ein Licht, das von ihm, aber auch vom Steuermann für das Topplicht eines Dampfers gehalten wurde. Fünfzehn Minuten später sah Rindfleisch etwas Schwarzes voraus, das er für Land hielt.

»Land voraus!« brüllte er.

Doch der Steuermann glaubte ihm nicht, schließlich hatte der Alte gesagt, daß Land erst bei Tageslicht zu erwarten wäre. Darum ließ er loten.

»Fünf Faden!« meldete erregt der Halbmann Stanislaus.

»Rahen aufbrassen! Schoten des Barksegels los!« befahl Schwaiger. »Tempo, Leute!«

Aber es war zu spät. Während der Klüver losgemacht wurde, setzte das Schiff auf. Zunächst dwars zur See liegend, rollte und stampfte es heftig, bis der Wind es weiter auf den Strand warf.

Zur Rettung des Schiffes konnte am Tag der Strandung nichts geschehen, weil die See zu hoch ging, am folgenden Tag aber war es zu spät. Die *Amphitrite* starb den Tod vieler Windjammer. Der Wind, der sie sicher um die ganze Erde gezogen hatte, schleuderte sie rücksichtslos auf eine Leeküste.

Der Kartensack war am nächsten Tag nicht mehr zu finden, und das Seeamt erfuhr deshalb nie, daß der Kapitän nur im Kopf navigiert hatte. Durch regelmäßiges Loten wäre die Strandung vermieden worden.

Ich rollte die alte englische Seekarte, die 1881 dem Schipper Grau aus Memel gehört hatte, zusammen und reichte sie dem jetzigen Eigentümer zurück.

»Farwell«, sagte ich und ging nachdenklich zu meiner kleinen *Amphitrite* zurück, wo ich hundemüde in die enge Koje fiel.

Schiffslegende

Bark *Amphitrite*

Erbaut 1864 bei Behrend Pieper in Memel

Nummernflagge: Memel 91

Unterscheidungssignal: HBJN

Reeder: Actien-Verein Memeler Capitains Resource, Memel (1864–1881), W. Ricklas Memel (1864), Johann Georg Heinrich Schulz, Memel (1877–1879), Ferdinand Richter, Memel (1880–1881)

Kapitäne: J. Ogilvie (1864–1867), F. Krause (1867–1870), J. Grau (1870–1881)

Bis 1877 Nordatlantikfahrt

1879 Reise London–Darien–Caen–Cardiff–Madeira–Baltimore–Le Havre

1881 Seeverlust

Flucht über die Ostsee

Im Lesesaal des Staatsarchivs, unweit des Hamburger Rathauses, herrschte absolute Ruhe, die nur gelegentlich unterbrochen wurde, wenn einer der Besucher zu hastig Buchseiten umblätterte oder gar den Stuhl rückte. Vor mir auf dem Tisch lag Jahrgang 1849 der »Börsenhalle«, einer einst vielgelesenen Abendzeitung an der Alster. Ich hatte auf der Suche nach einer guten Story nur wenige Seiten umgeblättert, als mir folgende Meldung auffiel: »Das Schiff *Thetis* unter Kapitän Groth, von Königsberg nach Limerick bestimmt, ist am 2. dieses Monats auf dem Leman-Sand total verunglückt. Mannschaft gerettet und in Grimsby gelandet.«

Ein paar Zeilen, bestimmt für Versicherungskaufleute, mehr nicht. War das eine Story, eine Geschichte, die mehr als die übliche Schilderung einer Strandung abgab? Die Nachricht verriet mir, daß das Wetter nicht so schlecht gewesen sein konnte, denn wenn ein hölzernes Segelschiff im Sturm auf eine Sandbank läuft, dann hat es kaum noch eine Chance. Bei westlichen Winden liegt die Sandbank vor Grimsby unter Landschutz, aber bei westlichen Winden wäre das Segelschiff auch nicht auf die Sandbank geraten. Es sei denn, der Kapitän wollte es so ...

Was war das überhaupt für ein Schiff, die *Thetis,* und wem gehörte sie? Auf meine Fragen fand ich bald Antwort. Gebaut hatte sie C. G. Eggert 1830 in Pillau für Jakob Peter Lietke, dessen Vorfahren aus Holland nach Ostpreußen eingewandert waren, als der gebürtige Niederländer Benjamin Raule für den Großen Kurfürsten am Frischen Haff eine Flotte aufbaute. Als die Franzosen zwischen 1807 und 1813 Pillau besetzt hielten, blockierten die mit den Preußen befreundeten Russen die kleine Ostseefestung. Eines Tages hörte Lietke, daß die Franzosen einen Pulvertransport über die Frische Nehrung nach Danzig bringen wollten. Ohne lange zu überlegen, gab er die Nachricht an die Russen weiter. Der Transport wurde aufgebracht.

Jakob Peter Lietke starb 1842. Seine Erben interessierten sich nicht für Schiffe und veräußerten auch den Schoner *Thetis* an den in Königsberg lebenden Kapitän A. Szitnick, der den Segler bis 1848 führte. Er kreuzte damit zwischen Königsberg, Hamburg, Amsterdam, Liverpool, Memel, London, Danzig und Stettin und transportierte alles, was Geld einbrachte. Die Geschäfte gingen nicht schlecht, aber auch nicht besonders gut. Zahlreiche Stürme mußten überstanden werden, und nicht alle gingen glimpflich ab.

Im Winter des Jahres 1845 befand sich der Schoner *Thetis* auf der Reise von Pillau nach London mit einer Ladung Erbsen. Szitnick hatte aufgeatmet, als er mit seinem kleinen Segler ohne Eisbehinderung durch den Sund und das Kattegat gekommen war. Schon war die englische Ostküste zum Greifen nahe, als ein kräftiger Südweststurm aufkam, einer jener Stürme, die besonders zu dieser Jahreszeit die Nordsee zur Mordsee machen. Er packte die *Thetis* und warf sie Meile für Meile zurück. Bald hingen die Segel in Fetzen. Machtlos mußte der Alte zusehen, wie Wind und See sein Schiff bedrängten. Doch zerstören konnten sie es nicht, nicht auf dieser Reise. Am 11. Januar 1846 erreichte die *Thetis* Kristiansand in Südnorwegen und war gerettet. In Ruhe konnte der Kapitän die Schäden am Schiff ausbessern lassen, bevor er die Reise nach London fortsetzte.

London, Norwegen, Pillau, Sturm, Nothafen, das alles war sicher interessant, aber noch keine Story für mich. Enttäuscht schlug ich den Zeitungsband zu und machte mich auf den Heimweg. Wie üblich schaltete ich das Autoradio ein, als ich in meinen Kleinwagen stieg. Es gab klassische Musik. Schon wollte ich einen anderen Sender suchen, als meine Hand zurückzuckte. Der Sprecher kündigte an: »Sie hören jetzt Opernarien aus dem ›Fliegenden Holländer‹ von Richard Wagner. Es singen für Sie . . .«

Ich stieg wieder aus und achtete nicht auf die abgelaufene Parkuhr, denn ich hatte meine Story. Oder?

Zu viele Dokumente und Unterlagen sind in ostpreußischen Archiven vernichtet worden, als die Rote Armee 1945 in Ostpreußen einmarschierte. Aber erhalten geblieben sind in Kopenhagen die damals geführten Sundzollisten. Und in diesen Aufzeichnungen findet sich auch die in Pillau gezimmerte *Thetis* wieder. Danach passierte der Schoner am 25. Juli 1839 den Sund und zahlte notgedrungen den verlangten Zoll. Der Segler hatte Hafer geladen und befand sich, von Pillau kommend, auf der Reise nach London. Geführt wurde das Schiff von Kapitän R. Wulff, der schon längere Zeit an Bord war und sich in der Nord- und Ostseefahrt bestens auskannte.

Es kam also nur diese *Thetis* in Frage und keine andere. Jetzt hatte ich endlich meine Story . . .

17. Juli 1839: Vor der Pillauer Mole wütete die See. Seit Tagen

wehte es heftig aus Westen, und dieser Wind nagelte den kleinen Schoner *Thetis* im Hafen fest. Dem Schiffer blieb keine andere Wahl, als besseres Wetter abzuwarten. Kapitän Wulff hatte es auch nicht eilig, auf die paar Tage kam es nicht an. Er war im Begriff, nach Hause zu gehen, als vor dem Schiff ein Fuhrwerk hielt und ein Mann ihn fragte, wann er nach London auszulaufen gedenke und ob er ihn, seine Frau und einen Hund mitnehmen könne.

Wulff überlegte nicht lange, das war leichtverdientes Geld. »Gewiß, Herr, aber mein Schiff ist nicht für Passagiere eingerichtet. Wenn Er aber auf keine besondere Bedienung und Verpflegung Wert legt und sich mit einer sauberen, aber gewöhnlichen Unterkunft begnügen will . . .«

Dem Mann auf dem Fuhrwerk kam das alles offenbar gelegen. Er stieg ab und zog den Kapitän zur Seite, um ihm vertrauensvoll mitzuteilen, daß er keine Pässe habe. Sie wären aus Versehen in Riga liegengeblieben.

Kapitän Wulff witterte, daß irgend etwas nicht stimmte, wiegte den Kopf und erhöhte kräftig den Preis für die Passage nach London. Dem Reisenden mißfiel diese Regelung, aber schließlich willigte er ein. An Bord durfte er noch nicht. Er sollte das Schiff erst kurz vor dem Auslaufen besteigen, damit es keine Schwierigkeiten wegen der abhanden gekommenen Pässe gab.

»Wie heißt Er überhaupt?« fragte der Kapitän.

»Richard Wagner, Theaterkapellmeister!«

Zwei Tage später flaute der Sturm ab, in der Nacht drehte der Wind auf Südost. Es wurde Zeit, auszulaufen. Ein Boot brachte Richard Wagner mit Frau und Hund zur *Thetis*. Für die Frau war es nicht einfach, vom schwankenden Beiboot auf den Schoner überzusteigen, der hoch aus dem Wasser ragte. An Deck stand der Kapitän und paßte auf, daß sich alle ruhig verhielten. Plötzlich bellte der Hund Robber. Alle Mann an Deck duckten sich, aber die Hafenwache schlief. Wagner wurde angewiesen, mit seiner Frau unter Deck zu bleiben, solange das Schiff im Hafen lag.

Richard Wagner, der schwer verschuldet vor seinen Gläubigern aus Riga geflohen war, hielt den Verlauf der Reise auf dem Schoner *Thetis* in seinen Erinnerungen fest:

»Wir waren an Bord eines Kaufmannschiffes von kleiner Gattung, es hieß *Thetis,* hatte das Brustbild der Nymphe an der Puppe aufgesteckt und wurde, den Kapitän eingerechnet, von sieben Mann bedient. Man war der Meinung, bei gutem Wetter, wie es im Sommer zu erwarten stand, die Fahrt nach London in acht Tagen zu bestehen. Schon auf der Ostsee waren wir durch anhaltende Windstille jedoch lange zurückgehalten. Ich benutzte die Muße, um meine Kenntnisse des Französischen durch das Studium eines Romans von George Sand näher zu begründen. Außerdem gewährte uns der Umgang mit den Schiffsleuten manche Unterhaltung. Ein sonderlich schweigsamer älterer Matrose, mit Namen Koske, ward von uns viel beobachtet, namentlich der unversöhnlichen Abneigung wegen, welche der sonst so gutmütige Robber gegen ihn gefaßt hatte, und welche uns in der Stunde der Gefahr noch eine lächerliche Not machen sollte.

Nach siebentägiger Fahrt gelangten wir erst vor Kopenhagen an, wo wir, ohne das Schiff zu verlassen, die Gelegenheit wahrnahmen, unsere sehr spärliche Schiffskost durch Einnahme verschiedener Nahrungsmittel und Getränke erträglicher zu machen. Guten Mutes fuhren wir so an dem schönen Schlosse Helsingör vorbei, dessen Anblick mich in unmittelbare Berührung mit meinen Jugendeindrücken von Hamlet setzte.«

Vor Helsingör staute sich der Schiffsverkehr. Bewaffnete dänische Boote kassierten von allen Schiffen Geld, die den Sund passieren wollten. Kapitän Wulff mußte 28½ Reichstaler zahlen, dann erst durfte er weitersegeln. Richard Wagner hat das nicht interessiert, und Wulff wird ihn darauf nicht aufmerksam gemacht haben, denn die Dänen kassierten seit 1425 Sundzoll, ohne eine Gegenleistung zu erbringen. Wagner schreibt:

»Wir segelten nun hoffnungsvoll durch das Kattegat dem Skagerrak zu, als der anfänglich nur ungünstige Wind, welcher uns zu mühseligem Laviren genötigt hatte, am zweiten Tag dieser neuen Fahrt in einen heftigen Sturm umschlug. Volle 24 Stunden hatten wir unter für uns ganz neuen Leiden gegen ihn zu kämpfen. In der jämmerlich engen Kajüte des Kapitäns eingepfercht, ohne eigentliches Lager für eines von uns beiden, waren wir der Seekrankheit und allen Ängsten preisgegeben.

Zum Unglück war das Branntweinfaß, aus welchem die Mannschaft sich während der harten Arbeit zu stärken hatte, in einer Vertiefung unter der Bank, auf welche ich mich ausgestreckt hatte, angebracht. Hier war es nun Koske, welcher sich am häufigsten zu der mich so belästigenden Stärkung einfand, trotzdem er jedesmal einen Kampf auf Leben und Tod mit Robber zu bestehen hatte, welcher ihn einzig mit stets erneuter Wut anfiel, sobald er die Treppe herabgeklettert kam, was mir, dem von der Seekrankheit gänzlich Erschöpften, jedesmal eine mein Übelbefinden zu bedenklichsten Katastrophen steigernde Anstrengung abnötigte. Endlich, am 27. Juli, sah der Kapitän bei heftig stürmendem Westwind sich gezwungen, einen Hafen der norwegischen Küste aufzusuchen. Mit tröstlichen Gefühlen gewahrte ich das weithin sich dehnende felsige Ufer, dem wir mit großer Schnelligkeit zugetrieben wurden. Nachdem nun ein norwegischer Lotse, der auf einem kleinen Boot uns entgegengekommen war, mit kundiger Hand das Steuer der *Thetis* übernommen hatte, erlebte ich bald einen der wunderbarsten und schönsten Eindrücke meines Lebens. Was ich für eine zusammenhängende Uferfelsenkette gehalten hatte, zeigte sich bei unserer Annäherung zunächst als eine Reihe einzelner, aus der See hervorragender Felsenkegel; an ihnen vorbeigesegelt, erkannten wir, daß wir nicht nur vor uns, sondern auch im Rücken von diesen Riffen umgeben waren. Zugleich brach an diesen rückwärts gelegenen Felsen der Sturmwind sich in der Art, daß je weiter wir mit der Fahrt durch das stets wechselnde Labyrinth von Felsenkegeln vordrangen, die See immer ruhiger wurde und endlich, bei der Einfahrt in eine jener langen Wasserstraßen durch ein riesiges Felstal, als welches sich ein norwegischer Fjord mir darstellte, völlig glatt und ruhig das Schiff durchfuhr.

Ein unsägliches Wohlgefühl erfaßte mich, als das Echo der ungeheuren Granitwände den Schiffsruf der Mannschaft zurückgab, unter welchem diese den Anker warf und die Segel aufhißte. Der kurze Rhythmus dieses Rufes haftete sich bald zu dem Thema des Matrosen-Liedes in meinem Fliegenden Holländer, dessen Idee ich damals schon mit mir herumtrug. Hier gingen wir auch an Land. Ich erfuhr, daß der kleine Fischerort, der uns aufnahm, Sandvike hieß und einige Meilen von dem größeren Ort Arendal abgelegen sei. Das Haus eines verreisten Schiffskapitäns nahm uns auf, und der in offener See fortwährend stürmische Wind hielt uns hier zwei Tage lang zurück.«

Während draußen der Sturm tobte und die See zum Kochen brachte, die Möwen landeinwärts geflohen waren, bot der Ankerplatz den Schiffen genügend Schutz. Die *Thetis* hatte Gesellschaft bekommen. Nicht weit von ihr ankerte die schmucke Brigg *Juno* aus Elbing. Auch sie befand sich auf der Reise nach London. Insgesamt warteten auf dieser Reede dreizehn Segler auf besseres Wetter, unter ihnen auch das in Königsberg beheimatete Vollschiff *Farewell*, das die Jungfernreise unterbrochen hatte, um Schiff und die für Frankreich bestimmte Ladung nicht unnötig zu gefährden.

Boote wurden ausgesetzt, und bald herrschte zwischen den Ankerliegern reger Besucherverkehr. Erfahrungen galt es auszutauschen und Meinungen. Nicht alle Probleme ließen sich jedoch an Bord lösen.

Auch Wagner nahm die Gelegenheit eines Ausflugs wahr und gelangte in die »Champagnermühle«. Der Wirt brachte seine einzige Rumflasche und stellte sie den Gästen auf den Tisch. Punsch wurde zubereitet, und bald durchströmte behagliche Wärme die Adern. Die Matrosen sangen ihre Lieder, und Richard Wagner hörte aufmerksam zu.

Obwohl der Lotse dem Kapitän der *Thetis* abriet, schon Segel zu setzen, wollte R. Wulff nicht länger untätig vor Anker liegen. Die *Farewell* hatte sich schon verabschiedet, aber das Vollschiff war ein Neubau und wesentlich größer als der Schoner. Am 31. Juli richtete sich der Bug der *Thetis* gegen See. Eine Bö kam zur ungelegenen Zeit – der Segler hatte noch keine Fahrt aufgenommen – und trieb das Schiff auf ein nur wenig aus dem Wasser ragendes Felsenriff. Wagner umschlang seine Frau, glaubte sich in höchster Gefahr. Die *Thetis* erhielt einen starken Stoß, blieb jedoch schwimmfähig. Dennoch mußte Wulff umdrehen, um das Schiff im Hafen untersuchen zu lassen. Zum Glück war der Segler nur leicht beschädigt und eine Reparatur nicht dringend erforderlich. So konnte die Reise am nächsten Tag fortgesetzt werden.

Nach vier Tagen mit günstigen leichten Winden stellte sich ein stürmischer Nordwind ein. Richard Wagner in seinen Erinnerungen:

»Schon glaubten wir, die Reise bald überstanden zu haben, als am 6. August abends die günstige Windrichtung umschlug und zugleich der Sturm mit unerhörter Heftigkeit zunahm. Es war eines Mittwochs am siebten mittags halb drei Uhr, wo wir jeden Augenblick unsren Tod voraussehen zu müssen glaubten. Nicht die furchtbare Gewalt, mit welcher das Schiff auf und ab geschleudert wurde und gänzlich richtungslos dem bald als tiefsten Ab-

Norwegischer Lotse geht an Bord

grund, bald als steile Berghöhe sich darstellenden Meerungetüm preisgegeben war, erweckte in mir das Todesgrauen, sondern was mich mit dem Gefühl der verhängnisvollen Entscheidung erfüllte, war die Mutlosigkeit der Mannschaft, unter welcher ich verzweifelte, boshafte Blicke wahrnahm, mit denen wir von ihnen abergläubischer Weise als die Ursache des drohenden Seeunglücks bezeichnet zu werden schienen. Selbst der Kapitän schien es in der äußersten Drangsal bereuen zu wollen, uns an Bord genommen zu haben, da wir ihm, der sooft diese Fahrt – namentlich im Sommer – in kurzer Zeit und ohne alle Beschwerde zurückgelegt hatte, für diesmal offenbar Unglück gebracht hätten.

Noch eine ganze Nacht verbrachten wir unter diesen andauernden, nur durch die schrecklichste Ermüdung sich abschwächenden Ängsten. Anderen Tags hatte sich der Sturm gelegt, der Wind blieb ungünstig, war aber schwach.«

Am 12. August war für Richard Wagner und die *Thetis* die Reise beendet. Ein englischer Lotse brachte den Schoner nach London. Wagner blieb nicht lange in England, er reiste weiter nach Paris. Und hier erinnerte er sich wieder an den Schiffsruf der Mannschaft, unter dem diese den Anker geworfen und die Segel gesetzt hatte. Wagner: »Ich entwarf den Plan zum Gedicht meines Fliegenden Holländers. In kurzen sieben Wochen entstand der ausgeführte Kompositionsentwurf, der am 13. September 1841 vollendet war.«

Zum ersten Mal aufgeführt wurde die Oper am 2. Januar 1843. Zu diesem Zeitpunkt befand sich der Schoner *Thetis* in Hamburg. Kapitän R. Wulff war nicht mehr an Bord, er führte jetzt die Brigg *Charlotte* aus Elbing. Ob er jemals den »Fliegenden Holländer« gehört hat, bleibt im Dunkel der Geschichte.

Von Kapitän Wulff, dem Schiffsführer der *Thetis,* spricht kein Mensch mehr. Daland aber, der »Fliegende Holländer«, ist unsterblich geworden.

Schiffslegende

Schoner *Thetis*

Gebaut 1830 bei C. G. Eggert in Pillau

Reeder Jakob Peter Lietke, Pillau

Verkauft 1842 an Kapitän A. Szitnick, Königsberg

Kapitäne: S. Teschner (1831), Jakob E. Wilcken (1831–1832), J. B Groß (1832–1834), A. Zimmermann (1835–1837), J. F. Froese (1837), R. Wulff (1838–1841), C. R. Schurdt (1841–1842), A. Szitnick (1842–1846), C. N. Moje (1846–1847) und C. Groth (1848–1849)

Gestrandet auf der Leman-Sandbank vor England, 1849

In letzter Minute gerettet

Die Deutsche Gesellschaft zur Rettung Schiffbrüchiger wurde als eine der letzten in Europa erst 1865 gegründet, obwohl ihre Anfänge auf das Jahr 1850 zurückgehen. Zur Sicherung der Ostseeküste errichtete die preußische Regierung zwanzig Boots- und Mörserstationen und betraute mit der Bedienung die von ihr angestellten königlichen Lotsen. Doch hatte man bei der Anschaffung der Boote, die sich vor der englischen Küste vorzüglich bewährt hatten, übersehen, daß sie für unsere von tiefem Dünensand umgebenen menschenarmen Küsten zu schwer waren.

Im Journal der kleinen Rettungsstation Spiekeroog des Jahres 1882 steht am 24. November folgende Eintragung:

»10½ Uhr: Alarm! Besetzen das Rettungsboot mit acht Mann unter Vormann Jensen. Rudern bei handigem Wetter und mäßiger Sicht zu dem aufgelaufenen Segler unweit der Olgumer Balje.

12 Uhr: Erreichen die in Pillau beheimatete und von Schipper Rieck geführte Brigg *Königin Elisabeth.* Die achtköpfige Besatzung ist wohlauf. Der Kapitän weigert sich, das Schiff zu verlassen, und verwehrt es auch seinen Leuten.

14 Uhr: Bringen das Boot wieder in den Schuppen. Abrechnung als Übungsfahrt.«

Es handelte sich um die 1840 zu Königsberg aus Eichenholz auf eichenem Kiel erbaute, eisfeste, mit einer Zinkhaut versehene Brigg, die zu drei Vierteln dem Kaufmann und Reeder Consul Friedrich H. R. Dultz in Pillau und zu einem Achtel der Handlung Bittrich & Söhne und zu einem Achtel dem Schiffer Johannes Rieck gehörte, der den Segler seit 13 Jahren führte. Er hatte 1865 sein Steuermannspatent in Pillau erworben und zwei Jahre später das Schifferexamen in Memel abgelegt.

Bis zum 23. November war die Fahrt ohne bemerkenswerte Ereignisse verlaufen. Gegen zwei Uhr am Nachmittag, bei Südsüdwest-Wind, kam das Außenweser-Feuerschiff in Sicht. Als der aus Grabow stammende Steuermann Franz Scherwinski gegen Abend in der Nähe des Feuerschiffes ein blaues Flackerfeuer erkannte, ließ er den Kapitän wecken. Der nahm an, daß es sich wahrscheinlich um das Lotsenboot handelte, worauf er das Zeichen erwidern ließ.

»Nun haben wir es bald geschafft«, sagte leutselig der Kapitän zum Steuermann und deutete auf den näherkommenden Lotsenkutter. Es war der Lotsenaspirant Franz Bliefernich, der vom Schoner *Bacmeister* aus Gustemünde an Bord jumpte. Er verhandelte mit dem Schipper vor dessen Kajüte, die auf Deck aufgesetzt war, so daß Scherwinski mithören konnte, als er sagte, daß er das Schiff zur Jade lotsen wolle und für diese Leistung einfaches Geld für Wilhelmshaven bekäme. Sollte jedoch unterwegs der eigentliche Jadelotse angetroffen werden, könne dieser nochmals das volle Lotsengeld beanspruchen.

Das aber glaubte der sparsame Schipper Rieck nicht verantworten zu können, und weil bei dem augenblicklich herrschenden Wind ein Einsegeln in die Jade doch nicht zu bewerkstelligen sein würde, verließ der Lotsenaspirant wieder die *Königin Elisabeth.*

Die Brigg aber wendete seewärts, um am nächsten Morgen auf die Jade-Ansegelungs-Tonne nördlich von Wangerooge loszusteuern.

In der Nacht wurde es diesig, das Weser-Feuerschiff geriet außer Sicht, der Wind wehte weiter aus Westsüdwest mit drei Stärken. Die ganze Nacht über war der Kapitän nicht von Deck gewichen. Er stand dick vermummt auf Leeseite gegen seine Kajüte gelehnt. Die feuchte Luft war kalt und drang bis auf die Haut. Gegen vier Uhr ließ er die Freiwache purren und das Schiff wenden. Er nahm nun Kurs auf die Jade und hoffte, dort den richtigen Lotsen zu finden.

Gegen neun Uhr stieß das Schiff plötzlich auf Grund. Als es aufklarte, sah der Schiffer das Wangerooge-Feuer in Südost statt in Südwest.

Kaum hatte das Rettungsboot aus Spiekeroog abgelegt, als der Schiffer befahl, die Ladung zu werfen, um das Schiff zu leichtern. Er hoffte, mit dem nächsten Hochwasser freizukommen.

»Wir schaffen es, Steuermann, wir schaffen es«, redete Rieck auf seinen Untergebenen ein. »Ich habe das Schiff auch 1877, als wir auf der Reise von Alexandrien nach Falmouth gerammt wurden, in den Hafen gebracht.«

Die Besatzung hatte inzwischen einen Teil der aus Spundpfählen bestehenden Ladung, die in Pillau übernommen worden war, in die See geworfen.

Dann kam das Hochwasser. Die Segel wurden gesetzt, die Brigg arbeitete heftig, die Pumpen blieben lenz, aber das Schiff rührte sich nicht.

Die Flut ging zu Ende. Der Kapitän vertröstete die Mannschaft auf das nächste Hochwasser.

Doch in der Nacht drehte der Wind auf Westnordwest und nahm zu. Das Schiff wrackte furchtbar, und bald standen 14 Zoll Wasser bei den Pumpen.

Längst befanden sich alle Mann auf dem Dach der Kajüte und hatten sich angeseilt. Um vier Uhr stürzten die schweren Seen über das ganze Schiff. Das Ruder wurde über Deck gehoben und drückte dabei den Hintersteven los. Das Mitteldeck brach auf, so daß das Schiff voll Wasser lief, Karten und alle Papiere in der Kajüte beschädigt wurden und das Schiff zum Kentern lag.

Inzwischen graute der Morgen, und die Blicke der Männer gingen öfter in Richtung Strand. Die Notflagge war gesetzt, hoffentlich wurde sie rechtzeitig entdeckt. Als der Sturm verschnaufte, befahl der Kapitän die Leute an Deck, um die Masten kappen zu lassen. Angeseilt verließen sie das Kajütdach. Sie wußten, daß die Brigg zu kentern drohte und diese Arbeit gemacht werden mußte. Bis zum Hals im eiskalten Wasser stehend, lösten sie die Stagen, hauten mit Äxten die Pardunen durch und sahen dann aufatmend, wie beide Masten in die See stürzten.

Der Sturm legte wieder zu, aber er fegte nun ungehindert über das Schiff und brach sich nicht mehr wimmernd in der Takelage. Schwarze, tiefhängende Wolkenbänke segelten von See kommend über das Wrack. Möwen hingen kreischend in der Luft, kamen neugierig näher und zogen landwärts.

Bei jedem Brecher, der über das Schiff schlug, wurden die Männer durchnäßt. Der Kapitän hatte dem Jungmann seinen Mantel überlassen und versuchte ihn zu trösten. Doch der hörte ihm nicht zu, seine Lippen bewegten sich unaufhörlich im stummen Gebet. »Sie müssen uns doch sehen!« sagte wiederholt der Koch. Keiner antwortete, aber so mancher dachte daran, daß der Kapitän das Rettungsboot zurückgeschickt hatte.

Inzwischen war es wohl neun Uhr geworden, und jede See ließ das Wrack erzittern. Es ging dem Ende zu.

Wo aber blieb das Rettungsboot aus Spiekeroog?

Im Journal der Rettungsstation findet sich keine weitere Eintragung mehr, die sich auf die kleine ostpreußische Brigg bezieht.

Und doch war das Notsignal gesehen worden. Im 1883 von der Gesellschaft zur Rettung Schiffbrüchiger herausgegebenen Jahrheft »Von den Küsten und aus See«, das damals für 1,25 Mark erstanden werden konnte, findet sich folgender Beitrag der Rettungsstation Neuharlingersiel:

»Der Nordweststurm braust über die Wasserfläche. Seine entfesselte Wut wühlt den Grund des Meeres auf; die Wellenberge wälzen sich donnernd an den Strand, und die kochende Brandung zischt über uns acht Mann im Boot hinweg, das wir um neun Uhr zu Wasser brachten. Jetzt sind wir zwei volle Stunden unterwegs, um die Männer der aufgelaufenen Brigg bei der Olgumer Balje zu retten.

›Rojet, Leute, rojet für euer Leben, dort kommt eine schwere Böe‹, stößt der Vormann mit gepreßter Stimme hervor.

Die langen eschenen Riemen biegen sich unter der Kraft der nervigen Arme, als wollten sie brechen. Zischend durchschneidet das Boot die brandenden Wogen, kaum noch 200 Schritte ist es vom Wrack entfernt, das ohne Masten hin und her geworfen wird. Schon erhellt ein Hoffnungsstrahl der nahenden Rettung das bleiche Antlitz der Schiffbrüchigen, noch fünf Minuten, und alles ist gut.

Die Unglücklichen wagen den Sprung ins Wasser, und wir fischen sie auf, zuerst den Jüngsten und als letzten den Kapitän. Es ist höchste Zeit. Kaum hat das Boot seinen Kiel landwärts gerichtet, da braust die Boe wie ein Dämon daher und wirft die Brigg *Königin Elisabeth* auf die Seite. Die Leute aber sind in Sicherheit.«

Am 8. Januar 1883 fällte das königliche Seeamt zu Königsberg folgenden Spruch: »Der Schiffer hat durch unterlassenes Loten den Seeunfall verschuldet und wird demselben die Befugnis zur Ausübung des Gewerbes entzogen. Daß der Schiffer nach erfolgter Strandung für die Erhaltung des Schiffes sein Leben, freilich auch das seiner Mannschaft, aufs Spiel gesetzt und dadurch persönlichen Mut bewiesen hat, soll nicht verkannt werden.«

Schiffslegende

Brigg *Königin Elisabeth*

Erbaut 1840 bei Fischer in Königsberg. Der Stapellauf erfolgte in Gegenwart des neuen preußischen Königspaares.

Reeder: J. L. Anschlag, Königsberg (1840–1851), J. L. Anschlag Witwe (1853–1854), L. Anschlag, Königsberg (1854–1855), Reinhold Heinrich Friedrich Dultz und Partner, Pillau (1855–1882)

Kapitäne: G. Wallien (1844–1849), L. Anschlag (1851–1855), J. L. Kuhr (1855–1860), Joh. Rieck (1860–1870)

Bis 1873 war das Schiff in der Atlantikfahrt eingesetzt.

1882 Seeverlust

Die Revision

An einem Montag im Juli 1881 betraten an einem frühen, typisch ostpreußischen Sommermorgen die beiden Matrosen Johann Mettelem und Karl Wacker das Seemannsamt im Leuchtturm.

Entschlossen legten sie fast gleichzeitig ihre Musterbücher auf den schmalen Stehtisch des Beamten und wollten aus der Musterrolle der *Criminalrath Brandt* gestrichen werden.

»Nanu, ihr habt doch erst am Freitag angemustert«, entgegnete verdutzt Inspektor Schadewald, der die beiden Seeleute kannte, und nahm den neuen Zwicker von der höckrigen Nase.

»Das mag schon sein, das Schiff ist man aber nicht seetüchtig, und darum wollen wir das hier melden«, entgegnete Johann, Castor genannt, der die seit dem 27. Dezember 1872 für alle deutschen Schiffe geltende Seemannsordnung lesen konnte, die das Leben an Bord der Kauffahrteischiffe reglementierte und dem einfachen Seemann nicht nur Pflichten auferlegte, sondern auch Rechte einräumte.

Von diesem Recht wollten die beiden erfahrenen Seeleute Gebrauch machen, indem sie die Seetüchtigkeit der Bark vor dem zuständigen Seemannsamt (nicht zu verwechseln mit dem Seeamt) anzweifelten.

Ein ungewöhnlicher Vorgang, der nicht nur Arbeit, sondern auch eine Akte bringen würde. Kein Wunder also, daß der Beamte versuchte, die beiden einzuschüchtern.

»So, die Bark ist nicht seetüchtig, und du kannst das beurteilen, wie?«

»Jeder an Bord weiß, daß keine Versicherung das Schiff mehr aufnimmt, weil es keine Klasse hat. Ich hatte gestern mit meinem Kumpel Pollux Nachtwache. Wir haben beide gesehen, wie die Ratten an Land gingen. Stimmt's, Pollux?«

Sein Freund nickte eifrig.

»Unfug! Ihr wißt doch, Mettelem, daß die Biester von Bord gehen, weil sie nasse Füße in der Bilge bekommen und nicht, weil sie hellsehen können. Wir leben schließlich nicht mehr im Mittelalter!«

Aber der Matrose ließ nicht locker, auch nicht, als ihm sehr deutlich gesagt wurde, daß er bei einer falschen Beschuldigung den entstandenen Schaden ersetzen müsse, denn immerhin lag die mit 1282 cbm vermessene, 1847 aus Eichenholz mit fichtenem Deck kraweelartig mit flachem Heck gebaute Brigg auslaufbereit am Kai.

Und doch kam es in den nächsten Tagen nicht zur Untersuchung des Schiffes, weil – egal, wer den Schiffer und Miteigentümer Friedrich Siebolds gewarnt hatte – es bei günstigem Wind ausgelaufen war.

Erst als die Bark nach viermonatiger Reise zurückkehrte, erklärte eine »Commission«, bestehend aus dem Landrat als Vorsitzenden, dem Experten Ramisch, dem Lotsenkommandeur Krüger und dem Schiffsreeder Stricks das Schiff für seetüchtig.

Der Segler war also seetüchtig, und doch wurde der Matrose Johann Mettelem nicht belangt. Die *Criminalrath Brandt* aber verholte zur Schiffszimmereigenossenschaft. Dort wurden in den folgenden Wochen ein großer Teil des Mittschiffsdecks, vier Schlaghölzer, fünf Decksbalken und die Knie im Zwischendeck erneuert. Außerdem wurde ein großes Rettungsboot angeschafft.

Als der Windsack mit Balken, Planken und Stäben beladen am 27. Juli 1882 nach Dublin auslief, bestand die Besatzung aus dem Steuermann Heinrich Minuth aus Memel, dem Zimmermann Krüger, drei Matrosen, einem Segelmacher, dem Koch, drei Halbmännern und einem Kajütswächter.

Die Fracht – also das Entgeld für den Transport der Ladung nach Irland – betrug 10500 Mark.

Die Reise, bei gutem Sommerwetter und leichten Winden angetreten, verlief ohne besondere Ereignisse. Zwar machte das Schiff in der Stunde zwei Zoll Wasser, aber jede Wache brauchte nicht wesentlich länger als eine Stunde zu pumpen, um es lenz zu halten.

Am 1. September tauchte bei diesigem Wetter das Leuchtfeuer Wolfs-Rock vor Landsend auf. Der Wind wehte von da ab meist aus Südwest. Die Dünung war hoch, irgendwo mochte auf dem Atlantik ein Sturm rasen. Das Barometer fiel zwar rasch, aber das bereitete dem Kapitän keine Sorgen, denn in wenigen Stunden würden sie im schützenden Hafen liegen.

Gegen 22 Uhr sichteten sie an Backbord voraus ein Leuchtfeuer, welches in kleinen Intervallen abwechselnd weiß und rot schien. Der Schiffer hielt es für Smalls-Feuer, obwohl der Schiffsort sich nach abgelaufener Strecke rund 20 Seemeilen südöstlicher befand.

Dieser Irrtum wurde ihnen schließlich zum Verhängnis. Irrtümer des Kapitäns enden oft so.

Der Steuermann machte den Schiffer auf eine im Westen von Tuscar-Feuer und der irischen Küste gelegene Sandbank aufmerksam. Daraufhin änderte der Kapitän den Kurs der Bark.

Bald danach kam (bei sehr diesigem Wetter, wie später vor dem Seeamt in Königsberg behauptet wurde) der Turm des Leuchtfeuers in Sicht – gleich darauf auch Land.

Nun erkannte der Schiffsführer seinen Fehler, beging aber einen neuen: Er glaubte, nun Tuscar vor sich zu haben.

Die Freiwache wurde an Deck geholt, um schnell das Großsegel festzumachen. Jetzt führte die Bark nur noch Mars-, Stagsegel und ein Stück vom Besan.

Unruhig lief der Kapitän auf dem Zwischendeck auf und ab und wollte schon in die Kajüte eilen, um erneut die Seekarte einzusehen, als der Ausguck ausrief: »Brecher voraus!«

Siebolds kehrte um, rief dem Rudergänger den neuen Kurs zu. Kaum lag er an, als voraus zwei Feuer auszumachen waren. Nun wußte er nicht mehr, wo er war, aber der Anker, der ihn noch hätte retten können, lag an Deck und war nicht bereit, geworfen zu werden.

Zögernd lächelte noch einmal Fortuna, als der Lotsenkutter herbeieilte und ihnen zugerufen wurde: »Port your helm!«

Bevor jedoch der am Ruder stehende Zimmermann das Rad übergelegt hatte, stieß das Schiff hart auf.

Ein herankeuchender Schlepper mit wallender Rauchfahne wollte die Bark noch abschleppen, aber es gab nichts mehr zu retten, das Schiff war verloren, hatte seinen letzten Platz gefunden, die letzte Reise hinter sich.

Die Ladung, dazu Karten und Journale, bis auf ein Leuchtfeuerverzeichnis, auf das sich Siebolds vor dem Seeamt berufen wollte, wurden abgeborgen.

Der Spruch des Seeamtes in Königsberg am 8. Januar 1883 lautete: »Als Ursache des Seeunfalls ist der Umstand anzusehen, daß der Schiffer Siebolds das Hook-Point-Feuer, in dessen Sicht er sich befand, für das Smalls-Feuer angesehen hat. Ein Verschulden des 61jährigen Schiffers ist nicht festzustellen gewesen.«

Am selben Abend feierten beim Schiffshändler Walker in der Kapitänskajüte der Schiffer Siebolds, sein Steuermann Minuth, der als Beisitzer in der Seeamtsverhandlung fungierende Reeder

Stricks und noch ein paar gute Freunde aus Memeler Schiffahrtskreisen den nicht erwarteten Freispruch vor dem Seeamt.

Lagerbier und Bärenfang sorgten bald für eine ausgelassene Stimmung, wobei Friedrich Siebolds öfter auf das rot-weiße Blitzfeuer anstieß.

Er übersah dabei möglicherweise den etwas abseits sitzenden Reichskommissar, der vor dem Seeamt die Funktion eines Staatsanwalts hatte. Dieser Herr legte Berufung beim Kaiserlichen Oberseeamt in Berlin ein. Die Verhandlung wurde auf den 8. März 1883 angesetzt und dauerte nur eine knappe Stunde, dann war Friedrich Siebolds die Befugnis zur Ausübung des Schiffergewerbes los.

Fast hundert Jahre lang wurden von den See- bzw. Oberseeämtern Berufsverbote ausgesprochen, bis 1975 feststand, daß sie dazu keine Berechtigung besaßen. Aber davon hatte natürlich Friedrich Siebolds nichts ...

Schiffslegende

Pink *Criminalrath Brandt*

Erbaut 1847 bei H. Eggert in Königsberg

Unterscheidungssignal: HBLS

Reeder: Handelsverein Königsberg (1847–1864), Friedrich Laubmäyer, Königsberg (1864–1868), Rudolf Quitschau und Partner, Memel (1868–1846), Lewy und Partner, Memel (1876–1882)

Kapitäne: J. Bakker (1847–1851), J. Nebendahl (1854–1861), H. Freitag (1861–1867), H. Krüger (1867–1868), J. F. Maschke, Memel (1868–1876), J. L. Siebolds, Memel (1876–1877), A. Schanter, Memel (1877–1878), F. W. Siebolds, Memel (1878–1882).

Im Juli 1876 wurde die Pink zur Bark umgebaut

Criminalrath Brandt, der Namensgeber, war 1882 beim Königlich-Preußischen Stadtgericht in Königsberg tätig.

1882 Seeverlust – Schiff war unversichert.

Galionsfigur in der Themse

Im Frühjahr 1941 stieß eine Gruppe Pioniere beim Einrammen einer großen Flakinsel in der Themsemündung auf die vom Schwemmsand zugedeckten Reste eines ehemals hölzernen Frachters, der als Wrack in keiner gängigen Seekarte verzeichnet war.

Während sich oben am klaren Himmel über Südengland aus allen Kanonen feuernde Spitfires auf eine Rotte Ju 88 stürzten, die, sich den Strom als leichte Orientierungshilfe nehmend, London zu erreichen versuchten, grübelte unten auf dem Pontom ein junger Mann. Immer wieder putzte und schrubbte er an der Galionsfigur herum, bis ein sich kämmendes Mädchen zu erkennen war.

Zwei Monate später erschien in »Sea Breezes«, dem führenden englischen Schiffahrtsjournal, folgender kurzer Bericht:

»Bei unseren schweren Arbeiten draußen in der Themsemündung stießen wir auf die teilweise noch recht gut erhaltenen eichenen Planken des Schiffes *Loreley* aus Memel, das dort 1883 im Sturm mit Mann und Maus unterging. Seine Galionsfigur schmückt nun die Messe der Flaksoldaten.«

Soweit die authentische Reportage meines Kollegen O. Harsley, der entweder aus Zeitmangel nicht ausgiebig recherchierte oder aus anderen, wenn auch verständlichen Motiven den Untergang der deutschen Seeleute für notwendig erachtete. In Wirklichkeit wurden die zwölf Mann der *Loreley* von dem englischen Schleppdampfer *Harwich* gerettet.

Am 9. Februar 1883 hatte Kapitän Wilhelm Vogt aus Memel in einer vor dem »Receiver of Wrecks« abgelegten »examination on oath« in Aldborough erklärt, daß er den Abstand von Shipwash-Feuerschiff auf sieben Seemeilen geschätzt hatte und bis Sunk-Feuerschiff durchlaufen wollte, um dort einen Lotsen für die Themse zu suchen.

Im Haus der Kaufleute Pietsch nahe der Börsenbrücke in Memel wurde die Gegenwartsliteratur hoch geachtet, und abends beim Schein der Kerzen rezitierte die musisch veranlagte Mutter Wilhelmine Gedichte von Eichendorff und Heinrich Heine. Durch die Konjunktur angeregt, die infolge des Krimkrieges und der damit verbundenen Blockade der russischen Häfen in der ostpreußischen Provinz herrschte, bestellte die Familie Pietsch bei einer Memeler Werft eine Bark, die aus bestem Eichenholz gefertigt, 1860 von der Tochter Bettina auf den Namen *Loreley* getauft und im gleichen Jahr an die neuen Reeder abgeliefert wurde.

Ohne große Havarien zu machen, segelte die Bark durch fast alle Meere und brachte in den ersten Jahren auch Geld ein. Als sie 1881 nach erfolgter Zimmerung neu klassifiziert wurde, waren jedoch die guten Jahre vorbei.

So finden sich bereits im Handelskammerbericht des Jahres 1880 folgende Passagen: Das hölzerne Schiff hat seine Zeit ausgelebt, das in ihm angelegte Kapital ist entwertet, lohnt kaum noch die Reparaturen, die schon seltener vorgenommen werden. Man bricht die Fahrzeuge für Spottpreise ab, der Dampfer siegt.

Wegen anhaltender Stürme waren in diesem Jahr die Winterreisen besonders beschwerlich. Nächst den Holzfrachten war wohl für die Rentablität der Segelschiffe der Frachtenmarkt in den nördlichen Häfen der Vereinigten Staaten entscheidend. Nur noch die wenigen Schiffe in der China-Küstenfahrt und in den süd- und ostasiatischen Gewässern hatten im allgemeinen die Assekuranz-Prämie nebst reichlich fünf Prozent Zinsen gebracht.

1880 waren immerhin noch 70 Schiffe in Memel beheimatet, aber in dem Jahr war kein Segler mehr gebaut worden. Das alles wußten natürlich auch die Reeder der *Loreley* und beschlossen, das Schiff in die Südsee zu schicken.

1882 kehrte es nach Memel zurück und erhielt in der Werft eine neue Kajüte, die alte hatte eine See zertrümmert. Es wurde eifrig gearbeitet, und im November lag die Bark an der Pier, um eine Ladung aus Balken und Eisenbahnschwellen für London zu übernehmen.

Für den seit elf Jahren an Bord befindlichen Schiffer Wilhelm Vogt galt es nun, eine neue Besatzung anzumustern. Die Auswahl war groß und die Wahl schwer; aber er mußte jeden Mann sorgfältig aussuchen, denn 1882 desertierten von deutschen Schiffen 4386 Seeleute, davon 2882 in Amerika, um entweder Gold oder auf anderen Schiffen einen Job zu suchen. Der Kapitän entschied sich für den etwas schwerfälligen Steuermann Franz Müller, der im abgelaufenen Jahr in Memel die Schifferprüfung für große Fahrt mit Auszeichnung abgelegt hatte.

Vogt machte vor dem Heuerabschluß den Steuermann in seiner

Kajüte darauf aufmerksam, daß sie anschließend Kohlen in Wales für Amerika laden sollten. Damals galten Kohlen als gefährliche Ladung. Oft entzündeten sie sich, und für das Schiff, das sich irgendwo im Atlantik befand, gab es dann meistens keine Rettung mehr.

In den abgelaufenen Werfttagen hatte sich der Schiffer oft mit dem Zimmermann Wilhelm Makuszies unterhalten, der dort arbeitete. Er warb ihn ab; der aber bestand darauf, daß sein Bruder Johann als Bootsmann mit auf die Reise käme.

Am 10. Januar wurde im Seemannsamt die Musterrolle geschlossen, die Besatzung befand sich vollzählig an Bord. Das Schiff war für die bevorstehende Reise in allem gut und reichlich ausgerüstet. In den nächsten Tagen schlugen die Männer die Segel an und machten das Schiff seeklar. Der Bootsmann trug einen der neu in Mode gekommenen Filzhüte und mußte sich manches Scherzwort anhören.

Als Wilhelm Vogt am Morgen des 14. Januar 1883 den Kai betrat, an dem sein Schiff fertig zur Ausreise lag, begegnete er Friedrich Siebolds, dem ehemaligen Schiffer der *Criminalrath Brandt*, der wohl auf ihn gewartet hatte. Die beiden in ihrer Art so ungleichen Männer duzten sich, kannten sich aus gemeinsam verbrachten Zeiten auf ostpreußischen Windjammern.

Wilhelm hatte Angst, der Ältere würde ihn fragen, ob er nicht als Steuermann mitfahren könne, aber Friedrich schluckte nur und sagte in seiner barschen Art, die nicht jeder zu deuten vermochte: »Gute Reise dann auch, Wilhelm, und paß auf dein Schipp auf!«

»Mach ich, Friedrich, du wirst sehen, irgendwie geht alles weiter.«

Dann hatte er sich umgedreht und war gegangen. Er wußte ja, daß es Unsinn gewesen war, was er gesprochen hatte. Es gab für Männer wie den alten Siebolds kein neues Schiff mehr, weder als Schiffer noch als Steuermann. Die Segler wurden immer weniger, und die Dampferreedereien suchten sich die jungen Leute aus.

Der kleine Schlepper vom Schiffsversicherungsverein, bei dem die Bark mit 35000 Mark versichert war, brachte sie aus dem Hafen. Vorbei ging es am gefüllten Winterhafen, hinaus ins freie Wasser. Die aufgegeiten Segel wurden gelöst, die Rahen gebraßt, das Schiff an den Wind gelegt, und über Steuerbordbug liegend nahm die *Loreley* Fahrt auf.

Vor der Kajüte versammelte sich die Mannschaft. Die Wachen wurden eingeteilt, dann hielt der Schiffer eine kurze Rede, wie er es immer tat, wenn eine neue Besatzung an Bord war, eine neue Reise begann: »Männer, wir sind jetzt auf uns gestellt. Keiner nimmt uns die Arbeit ab. Wenn wir wieder hier sind, will ich keinen von euch verloren haben. Das kann ich aber nur, wenn ihr willig seid und jedem Befehl von mir oder dem Steuermann sofort nachkommt. Wer das nicht tut, wird ins Journal eingetragen und bestraft. Wenn ihr in der Takelage arbeitet, denkt daran: eine Hand fürs Schiff, eine Hand für euch!

Wenn euch was nicht in den Kram paßt, tragt mir das höflich vor, ich werde ein Ohr für berechtigte Klagen haben. Der Herrgott, der uns hier versammelt sieht, wird uns helfen, aber steuern müssen wir das Schiff selbst.

Und jetzt an die Arbeit!«

In der Nähe von Falsterboe-Feuerschiff begegneten sie dem kleinen Dampfer *Pinus* aus Elbing, der sich auf der Rückreise nach Danzig befand. Der eiserne Dampfer war auf dem Weg nach Kopenhagen auf das Rev aufgelaufen. Nachdem fast die Hälfte der Kornladung, 1800 Zentner, über Bord geschaufelt worden war, kam er frei. Dem Schiff war nichts passiert. »So ein verfluchter Stinkstiefel«, knurrte der Alte und ärgerte sich über die schwarze Rauchfahne, die durch die Takelage seines Seglers zog.

Am 6. Februar erreichte die *Loreley* mit festgemachten Obermars- und Großsegel die Höhe von Ordfordness. Die abgegebenen Blaufeuersignale blieben unbeachtet, es kam kein Lotse. Bei starkem östlichem Seegang segelten sie weiter. Shipwash-Feuerschiff wurde in größerem Abstand passiert, geriet aber bei schlechter werdender Sicht bald außer Sichtweite. Der Kapitän beschloß, bis Sunk-Feuerschiff weiterzusegeln, um dort einen Lotsen zu suchen. Gegen zehn Uhr, kurz vor Hochwasser, stieß das Schiff auf. Das Ruder wurde dem Zimmermann aus der Hand geschlagen und brach. Das Schiff drohte zu kentern. Auf Verlangen der Mannschaft befahl der Schiffer schließlich das Kappen der Masten. Die Notsignale blieben ohne Erfolg. Erst am 7. Februar erschien der Dampfer *Bittern,* konnte jedoch keine Hilfe leisten. Mittags brachte der Schlepper *Harwich* ein Rettungsboot, welches sich in der Nähe des Wracks vor Anker legte. Mittels eines am Heck der *Loreley* befestigten Taus wurde die ganze Besatzung abgeborgen.

Auf einem Dampfer kehrte die Mannschaft fast vollzählig nach Memel zurück. Als Wilhelm Vogt über die Gangway die Pier betrat, stand dort Friedrich Siebolds, dem inzwischen das Oberseeamt das Kapitänspatent entzogen hatte. Vogt aber behielt seines, denn das Seeamt in Königsberg sprach den Schiffer frei.

Die kleine Galionsfigur der *Loreley*, das sich kämmende Mädchen, hing vor Jahren noch im Laderaum der zum Museum umgestalteten *Cutty Sark* in London.

Schiffslegende
Bark *Loreley*
Erbaut 1860/61 bei Behrend Pieper in Memel
Nummernflagge 1863: Memel 53
Unterscheidungssignal: HBKF
Reeder: J. C. Daehncke, Memel (1861–1872), Heinrich Wilhelm Pietsch, Memel (1872–1883)
Kapitäne: E. Pooch, Memel (1861–1867), G. E. Jack, Memel (1867–1870), W. A. Vogt, Memel (1871–1883)
Besatzung: 12 Mann
Ab 1877 Nord- und Ostseefahrt
1883 Seeverlust

Geldstrafe für zwei Lotsen

»Reis aus Quartier, du Seemannskind! Wi hebbt slecht Wedder, un dat geit een Wind, reis' aus Quartier, een Glas het't slahn. De Rorersmann will verfangen warn. De Utkiek will nich' länger stahn, reis' aus Quartier, in Gottes Nam'!«

So hatte der blondbärtige Steuermann Drell aus Neukuhren am 3. April 1884 in aller Frühe ausgesungen, um die Mannschaft der Memeler Bark *Rhea* zu wecken, die friedlich in ihren Kojen lag.

Die Bark war 1863 in Memel aus Eichenholz gebaut worden und gehörte den Kaufleuten Buttkus und Genossen. Beim Schiffsversicherungsverein in Memel stand sie mit 30000 Mark zu Buche.

Sie warteten schon seit drei Tagen auf günstigen Wind, und als der Steuermann in dieser Nacht eine durchkommende Brise aus östlicher Richtung zu spüren glaubte, hatte er sofort Kapitän Schanter aus Memel geweckt. »Ist gut, Steuermann, beide Wachen an Deck, klarmachen zum Auslaufen!«

Noch schien der Mond und warf eine Silberspur bis hin zum Horizont. Die Helligkeit reichte aus, um der erfahrenen Mannschaft die Arbeit auf den Rahen zu erleichtern. Und ohne Schlepperhilfe nehmen zu müssen, segelte Schanter die ohne Ladung nicht tief eintauchende Bark leicht aus dem Hafen.

Draußen – Madeira lag auf der Luvseite – nahm eine langgezogene Dünung das Schiff auf. Hurtig arbeiteten die Männer im Rigg, und bald waren alle Segel gesetzt und steifgeholt. Das Schiff hatte Order erhalten, nach Doboy im US-Staat Georgia zu versegeln, um dort eine Ladung Holz für England zu übernehmen.

Der Schiffer wählte nicht den kürzesten Weg, der bekanntlich auf dem Großkreis verläuft, sondern wollte den von Osten nach Westen setzenden nördlichen Äquatorialstrom nutzen. Auf die Winde war auf diesem Weg kein Verlaß, obwohl sie ja den Nordostpassat kreuzen würden.

Kapitän Schanter kannte Doboy. Er war mit der *Rhea* 1880 und 1882 dort eingelaufen. Das Schiff war lange nicht mehr in Memel gewesen, aber die Frachten in der Nord- und Ostseefahrt waren kümmerlich. Hier gab es noch eine Mark zu verdienen.

Sie kamen nur langsam voran, der Wind schlief bald ein, und die Segel flappten gegen die Masten, scheuerten sich durch.

Nach einem Monat befanden sie sich immer noch unterwegs und standen mitten in der Sargassosee. Die Bermudas lagen weit an Steuerbord voraus.

Eine andere Sorge bereitete dem Schiffsführer schlaflose Nächte. Das Trinkwasser wurde knapp, und es stellte sich heraus, daß das im Monsum aufgefangene Regenwasser in den hölzernen Fässern dick geworden war.

»Sollten wir nicht versuchen, die Bermudas anzulaufen, um dort unser Trinkwasser zu ergänzen?« versuchte der Steuermann auf den Kapitän einzuwirken. Aber Schanter schüttelte den Kopf. »Wir verlieren noch mehr Zeit, Steuermann. Vielleicht ändert sich schon morgen das Wetter und bringt uns Wind. Und dann liegen wir auf einem falschen Kurs. Wir haben doch schon ganz andere Zeiten durchgestanden. Ab morgen wird die Wasserration weiter gekürzt. Sie sorgen dafür, daß kein Tropfen verloren geht. Teilen Sie das Wasser persönlich aus. Wir werden heute nacht versuchen, ein paar fliegende Fische zu fangen. Das hebt die Laune. Bereiten Sie alles Notwendige vor!«

Fliegende Fische haben ausgewachsen die Größe und das Aussehen einer Makrele. Die Seitenflossen können entfaltet wie Flügel verwendet werden. Am Tag ist ein Fangen dieser Fische unmöglich, aber nachts streifen sie oft die Taue und fallen dann an Deck, wo sie leicht eingesammelt werden können.

So wurden zusätzlich ein paar Netze gespannt, aber die Ausbeute war mager. Es war also kein Wunder, wenn die Leute zu murren begannen, denn es war heiß, und die Arbeit riß nicht ab. Gerade der wechselnde, unbeständige Wind scheuchte sie an die Brassen und Schoten. Nur die Strömung war beständig und half, das Schiff nach Westen zu bringen.

Am 18. Mai standen sie auf 75 Grad westlicher Länge und 32 Grad nördlicher Breite zwischen den Bermudas und der amerikanischen Küste, die 350 Seemeilen entfernt war.

»Wir haben das letzte Wasserfaß angebrochen, Kapitän«, empfing ihn der Steuermann, als Schanter zur Mittagszeit die Wache übernahm.

»Zwei Tage nur noch, ein kräftiger Windstoß genügt. Wir haben einen Jonas an Bord, sonst wären wir schon lange im Hafen. Suchen Sie den verdammten Kerl, Steuermann.«

Aber natürlich fand er den angeblichen Unglücksbringer nicht.

Vor Doboy, das sie endlich erreichten, verpaßte Schanter die erste Fahrwassertonne und geriet auf Grund. Das Schiff war in Ballast versegelt, also konnte auch keine Ladung geworfen werden, um es zu leichtern. Der Sandballast aber durfte nicht angerührt werden, um den Segler nicht kentern zu lassen. Sie brachten Anker aus und versuchten, die *Rhea* abzuhieven, aber vergebens, die Anker zogen durch.

Schanter befahl, die vorgeschriebenen Notsignale zu geben, aber es erfolgte keine Antwort. Drüben an Land schienen alle Menschen zu schlafen. Erst am nächsten Tag kam endlich der Lotsenkutter und bald darauf auch ein Dampfer, dessen Tiefgang jedoch eine Annäherung nicht gestattete.

Inzwischen war mehr Wind aufgekommen. Als endlich ein Schlepper erschien, um zu helfen, war es zu spät. Das Schiff brauchte keine Hilfe mehr. Es hatte sich mit Wasser gefüllt, die Masten waren geknickt und drohten über Bord zu fallen.

In dieser Situation blieb dem Schiffsführer keine andere Möglichkeit, als das Schiff aufzugeben. Der Lotsenkutter brachte die Besatzung nach Doboy.

Die Bark aber trieb, nachdem der Anker geschlippt worden war, an die Küste, wo sie als Wrack verkauft und ausgeschlachtet wurde.

Vom Lotsenkollegium wurden am 14. Juni 1884 zwei dem Kutter *Surprise* zugeteilte amerikanische Lotsen mit einer Geldstrafe von je 25 Dollar belegt, weil sie, ohne Urlaub zu haben, sich nicht auf ihren Posten befunden hatten.

Schiffslegende

Bark *Rhea*

Erbaut bei Behrend Pieper in Memel

Nummernflagge: Memel 89

Unterscheidungssignal: HBGQ

Reeder: Emil Moritz Adalbert Buttkus, Memel (1869–1884)

Kapitäne: H. F. Mertens (1863–1865), H. W. Lindenau (1865–1869), F. Eutersberger, Memel (1869–1872), W. Richter (1872–1873), C. Wichmann, Memel (1873–1876), J. F. Gruenberg, Memel (1876–1880), A. Schanter, Memel (1880–1884)

1884 Seeverlust

Ein unrühmliches Ende

Im September 1884 lief der englische Tee-Clipper *Sunrise* unter Führung von Captain James Taiber den winzigen walisischen Hafen Aberdovey an, um das auf der Reede im Sturm verlorengegangene Ankergeschirr zu ersetzen. Er hatte Glück, denn vor wenigen Wochen hatte der dortige Schiffsausrüster Mitchel Corner Ltd. das gesamte Schiffsinventar der im Hafen wrackgewordenen Bark *Adelheid et Bertha* für umgerechnet 3000 Mark ersteigert.

So begab sich James Taiber in Begleitung des rührigen Clerks zu dem nahegelegenen Lagerschuppen in der Baltimore Street und begutachtete dort den Reserveanker und die 60 Faden lange Ankerkette, die er in dieser Länge mitkaufen mußte, obwohl er mit weniger ausgekommen wäre. Sie einigten sich schließlich. Selbstverständlich erhielt der Captain für den Kaufauftrag eine mehr als angemessene Provision in Form von Bekleidungsstükken, Tabak, Seife und Takelmessern, die er unterwegs an seine Besatzungsmitglieder verkaufen konnte.

Diese Waren aus der Schlappkiste wurden selbstverständlich zu überhöhten Preisen weitergegeben. Eine Gepflogenheit, die auf allen Kauffahrteischiffen üblich war, auch auf der mit 1262 cbm vermessenen Memeler Bark *Adelheid et Bertha*, die Kapitän A. Rimkus für die Firma F. B. Dittborn in Memel geführt hatte.

Der Windjammer war in allen Teilen – also war auch die Schlappkiste aufgefüllt – gut ausgerüstet im April 1884 von Darien, Georgia, aus in See gegangen und erreichte nach einer flotten Reise schon am 14. Mai die Reede von St. Tudwall in Wales.

Alle freuten sich auf die bevorstehende Hafenzeit, doch der an Bord kommende Lotse versetzte ihnen einen Schock, als er erklärte, daß der Tiefgang des Seglers ein Einlaufen erst bei der nächsten Springflut zuließe.

»Und wann ist die?« fragte der heimwehkranke Schiffsjunge seinen Onkel, den Steuermann Franz Müller, der seiner Schwester in Mohrungen versprochen hatte, gut auf den Jungen aufzupassen.

»Du weißt doch, daß die Gezeiten durch die Anziehungskraft der Sonne und des Mondes auf die Erdkugel entstehen. Wenn

Bark im Schwimmdock

nun Sonne und Mond in die gleiche Richtung wirken, also bei Vollmond und bei Neumond, dann entsteht eine Springtide, die hier mit einer Springverspätung von gut einem Tag eintritt. Da wir jetzt Halbmond haben, können wir erst in acht Tagen einlaufen. Das hast du doch verstanden, was?« Der Junge nickte tapfer.

Zum Glück blieb das Wetter weiterhin freundlich, und Arbeit gab es genug in der Takelage. Abends saßen dann die Leute beim Pfeifchen Tabak auf dem Vordeck zusammen, und der Schiffszimmermann erzählte aus vergangenen Zeiten und von überstandenen Abenteuern. Er war seit 1863 an Bord, dem Baubeginn der Bark, die auf einer Elbinger Werft entstanden war. So berichtete er vom Treibeis im Sund, der Nebelfahrt oben im Weißen Meer, als sie beinahe auf der Gorianow-Bank gestrandet wären, dem Mastbruch im Orkan im Bermuda-Seegebiet, aber auch von herrlichen Passatnächten und einsamen Inseln in der Südsee.

»1870«, erzählte er, »kamen wir aus dem Golf von Mexiko und wollten nach Hause, als uns im Englischen Kanal die Großstenge über dem Eselshaupt brach. Der Alte wollte einen französischen Nothafen anlaufen, dann drehte der Wind, und wir liefen Portsmouth an. Dort erfuhren wir, daß Krieg war. Die Franzmänner hätten sich über die leichte Beute gefreut. Die Bark hat alle Stürme überstanden, und solange der Klabautermann an Bord ist, kann uns nichts geschehen. Wir sind alle in Gottes Hand.«

»Hast du den Klabauterer schon mal gesehen?« wollte einer der Halbmänner wissen. Aber der alte Zimmermann, der mitgeholfen hatte, in Elbing die Planken zu biegen, den Kiel zu strekken, der jeden Spant, jedes Knie kannte, antwortete nicht. Er blickte sich scheu um und nickte.

Keiner machte sich über ihn lustig, denn oft genug hörten sie es nachts irgendwo an der Bordwand klopfen, und wer konnte es um diese Zeit sein, wenn nicht der kalfaternde Klabautermann?

Dann aber war es soweit. Ein kleiner Schlepper, Ruß und Dampf spuckend, erschien und zog die außenbords frisch geteerte Bark in den Fluß. Sie mußte im Strom vor beiden eigenen Ankern liegenbleiben.

Der Kapitän begab sich an Land, nahm im nahegelegenen Gasthof ein Zimmer und betrieb von dort aus die Geschäfte, nachdem er dem Steuermann das Kommando übertragen hatte.

Am Abend erhob sich ein starker böiger Wind aus Nordost, der auch während des ganzen nächsten Tages anhielt. Am Morgen brachen beide Ankerketten. Das Schiff trieb hilflos flußaufwärts und blieb auf einer Sandbank hängen. Der Reserveanker konnte nicht mehr klargemacht werden, denn er befand sich festgezurrt am Vormast.

Es gelang zwar, die Bark aus der mißlichen Lage zu befreien, sie mußte aber nun an die Pier gebracht werden, an der eigentlich nur kleine kiellose Fahrzeuge festmachen konnten. Als die Flut zurückging, legte sich die Bark dort unaufhaltsam auf die Seite. Die Verbände des hölzernen Schiffes wurden zu stark beansprucht. Mit dicken Sorgenfalten auf der Stirn rannte der Zimmermann an Deck auf und ab und konnte doch nichts tun. Als die Flut einsetzte, drang das Wasser ungehindert ins Schiffsinnere. Die Besatzung mußte den beschädigten Segler verlassen und nächtigte im Gasthof. Nur der alte Zimmermann blieb an Bord.

Die Versuche, das Schiff mit Taljen und Trossen aufzurichten, hatten keinen dauernden Erfolg.

Als die Holzladung gelöscht war, wurde das Schiffsinventar geborgen und im Lagerraum der Firma Mitchel Corner Ltd. untergebracht.

Die Versteigerung des Schiffsrumpfes und des Inventars erfolgte, während sich die elfköpfige Schiffsbesatzung schon auf dem Weg nach Ostpreußen befand.

Tausend Meilen von den Brüllenden Vierzigern, den Nebelbänken vor Neufundland und der in Lee liegenden jütländischen Küste entfernt, fand die noch seetüchtige Memeler Bark ein für sie unrühmliches Ende wie eine ausgediente Schute.

Schiffslegende

Bark *Adelheid et Bertha*

Erbaut 1863 bei Gebrüder Mitzlaff in Elbing

Nummernflagge (1867): Memel 90

Unterscheidungssignal: HBGP

Reeder: Franz Robert & L. Kaapeck, Memel (1863–84)

Kapitäne: J. f. Vanfeld (1863–1866), Edwin Redlich (1866–1867), H. Wilken (1867–1868), F. J. Becker (1869–1870), E. Lindenstrauß (1870–1871), A. Rimkus, Memel (1871–1884)

Ab 1876 war die Bark in der Nord- und Ostseefahrt beschäftigt.

1884 nach England verkauft

Als letzter ging der Kapitän

Oktober; und in Hamburg schmuddelte das Wetter wie selbstverständlich, als wir hinunter zum Fischmarkt fuhren, um uns dort, nur wenige Kabellängen von der gluckernden, geschwätzigen Elbe entfernt, über den letzten großen Flohmarkt dieses Jahres schieben zu lassen, vorbei an dem, was einst Menschen wert und wertvoll war.

Ich sammle alte Schulbücher, Lesebücher, wie andere Zeitgenossen Erstausgaben großer Literaten und glaube fest, daß die von mir bevorzugten Bücher mehr verändern. Zum Guten oder Schlechten, das sei dahingestellt.

Was ich suchte, fand ich natürlich nicht, obwohl ich eifrig jede Bücherkiste durchstöberte; dafür aber fiel mir ein Schmöker in die Hände, der über die Schönheiten der Südsee berichtete. Das Titelbild war's, was mich zum Kauf bewog, denn unverkennbar zeigte die kleine Brigg auf dem Bild die preußische Flagge.

Sie war 1838 auf den Helgen der Schiffswerft Fischer in Königsberg gezimmert worden. Erst 1825 hatte der Betrieb begonnen, Schiffe zu bauen, hauptsächlich eben kleine Briggs, die nicht nur von ostpreußischen Reedern bestellt wurden, sondern auch für ausländische Rechnung vom Stapel liefen.

1861 schloß dann die Werft die Tore und stellte den Bau von hölzernen Schiffen ein.

Luise-Auguste war das Schiff getauft worden, nach Luise Block, der Tochter des Reeders und Kapitäns, und nach Auguste, seiner Frau, die beide mitsegelten, was zwar nicht die Regel, aber auch nicht ungewöhnlich war.

Steuermann auf der kleinen Brigg, die nur eine Länge von 26 m hatte, wurde 1844 der 23jährige Richard Neumann, ein junger Kerl mit Händen wie Ankerflossen. Inzwischen war Luise 18 Jahre alt und sah auch so aus. Sie heirateten. Als die Eltern gestorben waren, wurde der Segler im Schiffsregister auf die Tochter umgeschrieben, und Luise blieb daheim, um den Nachwuchs aufzuziehen. Richard hatte inzwischen das Schifferpatent abgelegt und führte nun die Brigg in den wirtschaftlich immer schlechter werdenden Zeiten. Als 1866 der Memeler Schiffsversicherungsverein gegründet wurde, trat auch Block dem Verein bei und versicherte die Brigg mit 15000 Mark.

1872 strandete das Schiff, geführt von Richard Neumann, in der Kjoege-Bucht. Es konnte jedoch abgebracht und repariert werden.

Im selben Jahr veröffentlichte der Memeler Schiffsversicherungsverein einen kurzen Geschäftsbericht, in dem das Kapital mit 1,5 Millionen Thaler ausgewiesen war. In den vergangenen Jahren, heißt es in dem Papier, erzielte der auf Gegenseitigkeit gegründete Verein einen Gewinn von 156445 Thalern! Im Berichtsjahr waren 83 Schiffe eingetragen, wovon 1871 zwei verlorengingen, zehn andere erlitten Havarie. Die Gesamtschäden betrugen 37288 Thaler.

Dieser Bericht, in einer angesehenen deutschsprachigen Schifffahrtszeitschrift veröffentlicht, veranlaßte den zuständigen Redakteur zu einem bemerkenswerten Nachwort. Er schrieb: »Würden mehr solche Gesellschaften auf Gegenseitigkeit gegründet werden, käme der Gewinn den kleinen Reedern zugute.«

Im März 1880 – der erste Duden war erschienen, Tschaikowski vollendete sein Capriccio Italien, und in Deutschland wurde das Telefon eingeführt – lud die schmucke, kleine, schwarzgeteerte Brigg mit dem weißen, durchlaufenden Band Planken für Newcastle.

Am 2. April befand sich das Schiff im Kattegat. Bis hierher war die Reise gut verlaufen. Die achtköpfige Besatzung war gesund und kam willig den Befehlen des Kapitäns und des Steuermanns nach. Das Wetter war mal so, mal so, typisch für die Jahreszeit. Nun, die Brigg war leicht zu handhaben, nicht so schwerfällig wie die großen Memeler Barken, und die Segel zogen das Schiff auch bei sehr schwachen Winden vorwärts.

Am 3. April briste es aus Nordost auf, und die *Luise-Auguste* machte rasche Fahrt. Es lag mehr Wind in der Luft, und der Schipper spürte es bis in die Zehenspitzen. Dieses Wissen um den Wind war eine der Gaben, die unvermittelbar waren. Ein guter Schiffsführer hatte sie, und der nun 59jährige Richard Neumann gehörte zu ihnen.

Längst hatte er die oberen Segel festmachen lassen und die unteren gerefft. Im Rigg tobte der Sturm, zerrte an den festgezurrten Segeln und brach sich pfeifend in den vielen Stagen und Pardunen. Der Himmel war bedeckt mit dunklen Wolkenfeldern, die sich übereinander schoben, zerplatzten und zerfleddert hinter den letzten weißen zerfransten Wolken herzogen, die wie zerknüllte

Brigg Bertha *von Königsberg, erbaut 1848*

Gardinen am Himmel dahinsegelten. An der Kimm verschmolzen scheinbar Meer und Himmel.

Ein peitschenartiger Knall schreckte den Schiffer hoch, der neben dem Ruder stand. Die Fock war zerplatzt.

Sie mußte schnell geborgen werden, bevor sie ganz zerstört war. Segeltuch war teuer. Neumann faßte das Ruder, und die Wache enterte auf, um das Segel abzuschlagen. Eine gefährliche Arbeit, bei diesem Wetter ein neues Segel hochzubringen, aber die Sicherheit des Schiffes erforderte es.

Das Schiff lag zwar gut in der See, doch war die Ladung zum Teil an Deck gestaut und festgezurrt. Jetzt, bei diesem harten Wetter, war sie den herumlaufenden Seeleuten im Weg.

Zwei Stunden dauerte das Abschlagen des Segels, dann kam der Steuermann nach achtern und bat, vom Anschlagen eines neuen Segels Abstand zu nehmen und zu warten, bis der Sturm sich gelegt hatte. Es war natürlich schwer und auch gefährlich, das Segel über die Decksladung nach vorn zu bringen, und so gab der Schiffer schweren Herzens nach.

Naß und mit klammen Händen kamen die Leute zurück nach achtern, um sich in der Kombüse aufzuwärmen.

Oben blieb neben dem Rudersmann der Kapitän, der aufmerksam den Himmel, die Segel und die See beobachtete.

Es wurde dunkel, die Wache hatte gewechselt, aber immer noch stand Richard Neumann an Deck. Die Brigg wurde emporgetragen, neigte sich auf dem dahinziehenden Kamm zur Seite, rutschte dann auf dem Wellenhang ins Tal. Aus den Speigatten und Wasserpforten stürzte in flimmernden Bächen das übergenommene Wasser zurück ins Meer.

Ruhig stand auf Leeseite der Kapitän und schaute voraus. Dort irgendwo lag Skagen! Dort irgendwo war festes Land, sie aber waren der See ausgesetzt. Wie steile Klippen ragten die zerklüfteten Wellen im Dunkeln an der hölzernen Bordwand auf und brachen in gleißendem Schaum auseinander, wenn sie im brodelnden Überstürzen auf das ihnen im Weg liegende Schiff schlugen. Eine tosende Wasserlawine überschüttete das Deck und die Luken, spülte um das kleine Deckshaus und floß zerteilt zurück.

Richard Neumann verließ das Deck für wenige Minuten, um in der Kajüte aufmerksam die Seekarte zu studieren. Skagen mußte gerundet sein, es hatte nichts zu bedeuten, daß er kein Leuchtfeuer hatte ausmachen können. Es hatte wenig Sinn weiterzusegeln, denn noch hatte der Sturm nicht seine volle Stärke erreicht.

Er ließ das Schiff vom Wind abfallen, steuerte nun westlicher. Ein Blick zum Himmel, den ziehenden Wolken, sagte ihm, daß der Wind drehen würde, und das Barometer bestätigte seine Vermutung. Bei diesem Wetter gab es nur noch in der Jammerbucht einen Ankerplatz für sie. Den strebte er nun an. Zielbewußt, aber ruhig, gab er seine Kommandos. Dann kam die Blise von Alt-Skagen in Sicht, und er atmete erleichtert auf. Er hatte richtig navigiert.

Fast schien es so, als ob er sich doch mit dem Wind getäuscht haben könnte, denn es flaute am 4. April in den Morgenstunden ab; jedoch hielt er an seinem Plan fest, und tatsächlich, der Wind, schnell an Stärke zunehmend, fegte bald darauf aus Südwest über das Skagerrak.

Sie hatten es fast geschafft, schon waren die Anker klar zum Fallen, als die Brigg durchsetzte und Grund berührte. Die Verbände waren gelockert, und das Schiff machte sofort Wasser. Um die Ladung und natürlich die Menschen zu retten, brachte Neumann das Schiff, so nahe es ging, ans Ufer. Schnell wurden die Segel aufgegeit, das Boot wurde fertig gemacht, denn jede Welle, die den Segler erreichte, hob ihn hoch und ließ ihn fallen.

Zum Glück kamen Fischer herbei und bargen die Leute. Als letzter verließ der Kapitän sein Schiff.

Als der Sturm sich gelegt hatte, konnte ein großer Teil der Holzladung an Land gebracht werden. Der aus Eichenplanken gezimmerte Schiffsrumpf wurde von einer kleinen Werft preiswert ersteigert.

Das Seeamt in Königsberg entschied, daß der Kapitän keine Schuld an dem Unfall hatte. Mit dem Versicherungsgeld, das der Memeler Schiffsversicherungsverein auszahlen mußte, kaufte sich Frau Neumann eine Part in der Bark *Pomona,* die ihr Mann dann als Kapitän übernahm.

Schiffslegende

Brigg *Louise-Auguste*

Erbaut 1839 bei Zacharias Fischer in Königsberg

Nummernflagge: Memel 54

Unterscheidungssignal: HBGJ

Reeder: J. C. Anschlag, Königsberg (1838–1851), H. E. Hamann, Memel (1853–1859), Kapitän A. Neumann senior, Memel (1859–1860), Frau H. Neumann und Kapitän A. Neumann junior, Memel (1860–1880)

Kapitäne: F. A. Zimmermann (1844–1851), A. Neumann senior (1851–1859), A. Neumann junior (1859–1880)

Besatzung: acht Mann.

Bei Beginn des Deutsch-dänischen Krieges (1. 2. 1864) wurde die Brigg in Kopenhagen beschlagnahmt und zur Prise erklärt. Nach Kriegsende (30. 10. 1864) kehrte sie nach Memel zurück.

1880 Seeverlust

Und morgens brannte das Wrack

Wie unsere Eichen,
zäh und stark,
sei fest und kernig bis ins Mark,
kreuz übers Meer mit kühnem Mut
und trotze Sturm mit Wogenwut.
Gott verschone dich vor einem Jona,
ich taufe dich, du schönes Schiff:
Pomona!

Nun waren Taufsprüche nie lyrische Meisterwerke, wie auch über das Alter des Brauches nichts Endgültiges gesagt werden kann. Es galt jedenfalls, im voraus die launenhaften Geister zu mildern, mit Geschenken und auf andere Weise um Hilfe und Beistand zu bitten. Im Altertum wurde ein Mensch geopfert und sein Blut auf den Steven geschmiert. Aufzeichnungen aus Island erzählen von einem schauerlichen Brauch: Das Opfer wurde vom Balken zerdrückt, wenn das Schiff in die See rollte.

Das galt nicht mehr, als die *Pomona* 1859 bei Pieper in Memel aus bestem Eichenholz gezimmert und mit 1223 cbm vermessen, mit dem Steven zuerst (!) ins Wasser gelassen wurde.

Sie war eine große, breitbäuchige Bark, die von irländischen Auswanderern bevorzugt wurde, denen ein Strohsack im Laderaum des ostpreußischen Windjammers billiger und sicherer schien als eine Passage im Zwischendeck auf einem der neuen eisernen Dampfschiffe oder auf den hochgetakelten, schmalen schnellen Klippern. Vier Jahre, bevor die *Pomona* in ihr Element rutschte, hatte das alteingesessene Hamburger Handelshaus Godeffroy & Sohn das berühmte amerikanische Klipperschiff *Sovereign of the Seas* erworben, das 1852 in East Boston von dem hochgeschätzten Schiffbaumeister Donald McKay entworfen worden war. Dieser Klipper hatte in 24 Stunden 410 sm (750 km) zurückgelegt, ein Etmal, für das die behäbigen Ostseebarken die doppelte Zeit benötigten. Die Schiffsreise aber war auch den Schiffbaumeistern in Memel bekannt, und kleine Anleihen erfolgten fraglos in der Linienführung.

1880 starb Kapitän Simon, der Miteigentümer der Bark gewesen war, und der Segler lag geraume Zeit im Winterhafen fest. Die

Witwe Simon fand keinen Kapitän, der in der Lage war, eine Schiffspart zu übernehmen. Das Schiff mußte entweder nach Schweden oder Norwegen verkauft oder abgewrackt werden. Von den Schwierigkeiten der Witwe Simon hörte im Juli Luise Neumann, geb. Block, als der Memeler Schiffsversicherungsverein, vertreten durch seinen Bevollmächtigten, ihr die vertraglich vereinbarte Versicherungssumme für die im selben Jahr in der Jammerbucht gestrandete kleine Brigg *Luise-Auguste* auszahlte.

Auf diese Weise erhielt ihr nun schon fast 60jähriger Ehemann noch eine Kapitänsstellung.

Zwei Jahre später mußte die *Pomona* in die Werft. Sie machte bei Ranisch fest, denn die Werften Pieper und Lobeck gab es nicht mehr. Bei Ranisch wurde die Bark neu kalfatert. Außerdem mußte das stehende Gut ausgewechselt werden.

Der ohne Kapitänspatent an Land wie ein Fisch auf dem Trokkenen lebende Friedrich Siebolds, der ja im selben Jahr sein Schiff, die *Criminalrath Brandt,* bei Irland verloren hatte, hörte zufällig, als er im Hotel »De Russe« am Ankertisch sein Bierchen trank, daß die Partenreederei in finanziellen Schwierigkeiten war, und beschloß, sich zu beteiligen, vorausgesetzt, das Schiff entsprach im Erhaltungszustand seinen Vorstellungen.

Siebolds hatte durch den Verkauf des Wracks und der ausgezahlten Frachtversicherungssumme einen ansehnlichen Betrag im Sparstrumpf. Aufmerksam, denn er verstand viel von hölzernen Seglern, schlich er tagelang um den Schiffsrumpf herum, kratzte hier am Teeranstrich, puhlte dort Werg aus einer Plankennaht, stach wohl auch, wenn es keiner sah, mit dem spitzen Messer ins Holz, um nach verfaulten Stellen zu suchen; er fand aber keine. Das Schiff machte im Gegenteil einen ausgesprochen gesunden Eindruck. Daß es erst 23 Jahre alt war, sagte zu wenig, denn es gab genügend Beispiele, daß sich auch junge Schiffe plötzlich auflösten, sei es, weil die Holzwürmer sie zerstörten oder das Holz buchstäblich unter dem Teeranstrich verfaulte. Natürlich wäre Siebolds gerne mitgefahren, als Steuermann möglicherweise, aber das wollte Richard Neumann, der Kapitän, nicht, denn er hatte einen jungen, zuverlässigen Steuermann an Bord, der später einmal das Schiff übernehmen sollte, wenn er an Land bleiben würde. Und 1888 war es soweit. Richard Neumann, nun 67 Jahre alt, wollte noch eine kurze Reise als Kapitän machen, dann sollte die *Pomona* von Steuermann Meding gesegelt werden.

Am 10. Oktober verließ die Bark mit einer Besatzung von zehn Mann und mit Hölzern beladen Riga, um nach Antwerpen zu versegeln. Die Stimmung an Bord war gut, und die Reise durch die Ostsee, den Sund und das Kattegat verlief bei vorherrschend westlichen Winden ohne besondere Schwierigkeiten.

Am 31. Oktober konnte Oxoe gepeilt werden, dann aber wurde es diesig, was jede weitere Beobachtung unmöglich machte.

Der Wind drehte zuerst auf Nordost, um später auf Südost und Süd zu gehen. Richard Neumann war mit der Entwicklung nicht unzufrieden, die Reise schien einen raschen Verlauf zu nehmen.

Leider blieb es weiterhin diesig, und am 3. Oktober hatte sich die Bark, die jetzt nur noch unter kleinen Segeln lief, der holländischen Küste so weit genähert, daß sie jeden Augenblick in Sicht kommen konnte.

Am nächsten Tag sahen sie Land an Backbord, und Richard Neumann glaubte, sich in der Nähe von Westcapelle zu befinden.

»Schiff voraus!« brüllte da der auf der Back postierte Ausguckmann und deutete mit der Hand über den Klüverbaum. Es war ein Schoner, der auf Gegenkurs lag. Kapitän Neumann fühlte sich in der Annahme bestärkt, daß sie sich fast schon im Fahrwasser der Schelde befanden.

Eine Viertelstunde später stieß das Schiff auf Grund und konnte trotz aller Versuche nicht mehr abgebracht werden.

Als es kurze Zeit später aufklarte, sah man in nordwestlicher Richtung eine Boje und ermittelte danach sowie an einem nach Eintritt der Dunkelheit bemerkten Leuchtfeuer, daß die *Pomona* – so benannt nach einer Orkneyinsel – auf Oosterzand festsaß.

Mit steigender Flut gelang es zwar, noch einmal flott zu kommen, jedoch nur für kurze Zeit, da das Schiff nach heftigen Stößen wieder festkam und sich tief in den Sand einmahlte. Die Untersuchung ergab, daß die Verbindungshölzer am hinteren Teil aus ihrer Lage gebracht waren. Das Schiff machte nun viel Wasser, und die Pumpen konnten es nicht mehr lenz halten. Um einer drohenden Kenterung vorzubeugen, wurden die Masten gekappt und Notsignale gegeben. In der Frühe des 5. November legte der Lotsenkutter aus Brouwershaven an, und die Mannschaft begab sich von Bord.

Es konnte noch ein Teil der Ladung geborgen werden, bevor andere Berger das Wrack in Brand steckten und jede weitere Arbeit unmöglich machten.

In der mündlichen Verhandlung am 22. Januar vor dem Seeamt in Königsberg beantragte der Reichskommissar, dem Schiffer Neumann die Befugnis zur Ausübung seines Gewerbes zu entziehen, wenn er auch nicht verkannte, daß mildernde Umstände für ihn sprachen.

Das Seeamt aber urteilte diesmal jedenfalls menschlich und entsprach nicht dem gestellten Antrag. Es heißt im Spruch: »Schiffer Neumann hat selbst erklärt, bei seinem hohen Alter von 67 Jahren das Schiffergewerbe fortan nicht mehr ausüben zu wollen, und es darf angenommen werden, daß ihm auch ohnedies ein Schiff nicht mehr anvertraut werden wird. Unter diesen Umständen hat das Seeamt von jener immerhin harten Maßnahme gegenüber einem in langjährigem und – soviel ermittelt – vorwurfsfrei geführtem Dienst ergrauten Schiffer Abstand nehmen zu sollen geglaubt.«

Die Formulierung klingt uns ungewohnt, aber ich fand sie zu gut, um sie zu verändern. Zwar behielt nun Richard Neumann das Kapitänspatent, aber das Schiff war weg.

Gelebt werden mußte nun von den wenigen Ersparnissen, die Luise Neumann in guten Zeiten zurückgelegt hatte. Friedrich Siebolds aber verlor sein Vermögen.

Die See gibt viel, aber sie nimmt oft auch alles.

Schiffslegende
Bark *Pomona*
Erbaut 1859 bei Behrend Pieper in Memel
Unterscheidungssignal: HBFT
Reeder: J. C. Daehncke, Memel (1859–1871), Meyer Levy & Isidor Siebolds, Memel (1871–1883), Bankhaus Siebert & Alexander, Memel (1884–1888)
Kapitäne: J. F. F. Krause (1859–1864), G. Schauer (1864–1865), J. Krause (1865–1866), C. Daehncke (1866–1870), R. Kirschner (1870–1871), F. Siebolds (1871–1875), A. Böhm (1875–1876), F. W. Siebolds (1876–1877), R. Schleebecher (1877–1878), A. Böhm (1878–1880), A. Neumann (1880–1888)
1888 Seeverlust

Der Teufel hat den Schnaps gemacht

Im Hause des Herrn Vizeadmiral a. D. von Ebersfeld, dem bestellten Reichskommissar für das Königliche Seeamt in Königsberg, tagte am Abend des 18. März 1889 die maritime Tafelrunde.

Die Herren waren unter sich und sprachen eifrig miteinander und dem Wein zu, den der Hausherr aus Bernkastell fuderweise bezog. Bei den dunklen Zigarren lag die Zigarettensorte »Unsere Marine« neben der um einen Pfennig teureren »Puck«, die beide in der größten deutschen Zigarettenfabrik Georg A. Jasmatzi in Dresden hergestellt wurden.

Die Herren erhoben sich von ihren Plätzen, winkelten zackig den Arm an, klappten die Hacken zusammen, und der Admiral von Ebersfeld toastete auf Seine Majestät den Kaiser Wilhelm II. Es folgten aus Männerkehlen drei kurze, aber kräftige Hurras, und nach dieser patriotischen Geste wurde erst einmal ausführlich über das bevorstehende Flottenbauprogramm debattiert. Gemeinsam freute man sich über den mißlungenen Araberaufstand in Deutsch-Ostafrika, aber selbstverständlich sprachen die Herren auch über den neuesten Roman von Sudermann.

Ja, Herr von Bossen hatte sogar schon das nicht ungetrübte Vergnügen gehabt, das Schauspiel »Ehre« im Berliner Lessingtheater gesehen zu haben, und erzählte nun gestenreich und in allen Einzelheiten jede Szene. Er verschwieg nicht, daß er sich als Kommerzienrat allerdings auch angegriffen gefühlt habe. Es wurde an diesem Abend viel über den Dichter und Menschen Sudermann gesprochen. Es sei auch angemerkt, daß ihm zuviel Liberalität vorgeworfen wurde, jedenfalls in diesem Kreis.

Herrn Müller-Scharein war es vorbehalten, auf die großen Reformen hinzuweisen, die in diesem Jahr angelaufen waren, und er schloß den Monolog mit der Bemerkung, daß die Invalidenpflichtversicherung für Arbeiter erst den Beginn einer Sozialfürsorge darstellte.

Inzwischen hatte Bertha, das Dienstmädchen, eine Batterie leere Weinflaschen in den Keller gebracht und für Nachschub gesorgt. Die Unterhaltung wurde flacher und schien sich in Einzelaktionen aufzulösen, als die Sprache auf die morgen im Seeamt anberaumte Verhandlung über den Seeunfall der Bark *Othello* kam.

Müller-Scharein bat um Ruhe und Aufmerksamkeit für den Hausherrn. Stühle wurden gerückt, und Köpfe wandten sich dem Admiral zu, dessen leicht gerötete Wangen unter dem krausen Backenbart kaum sichtbar waren.

»Gut, meine Herren Kameraden, gut, ist ja 'ne tolle Sache. Der Mann kommt mir nicht ungeschoren davon. Wir müssen dafür sorgen, daß die Schiffer von Handelskähnen sozusagen nüchtern ihren Dienst, na Arbeit, versehen. Die der Handelsgesellschaft Gerlach, nun, sitzen Sie nicht so trocken da, prost, meine Herren, gehörende Bark *Othello* lief am 9. Dezember letzten Jahres mit einer Ladung Kohlen von Swansea nach St. Jago auf den Kapverdeschen Inseln aus. Geführt wurde die 1866 in Memel gebaute und mit 1306 cbm vermessene unversicherte Bark von Schiffer Miedbrodt, hat nicht gedient, der Mann. Zwanzig Tage später erreichte sie Bonavista. Schon jemand der Herren Kameraden dort gewesen? Nein? Nun, prima Gegend. Ich war als Kadett da, das ist nun schon ein paar Jährchen her, ha, ha ha ...

Am 30. Dezember wurde Land in den Morgenstunden in westlicher Richtung ausgemacht. Offensichtlich war es die Insel Majo. Um vier Uhr übernahm der Steuermann Richter, auf den ich noch zu sprechen kommen werde, mit fünf Mann die Wache. Der Schiffer blieb aber die meiste Zeit an Deck. Die Nacht war sternenklar, das Land deutlich in Sicht. Es wehte allerdings ein kräftiger Wind dem Lande zu. Nun, jeder junge Kadett in der kaiserlichen Marine weiß, wie gefährlich Land auf Leeseite ist, nur Schiffer Miedbrodt nicht.

Der Rudermann übergab dem Koch Fenthur das Steuer. Es wurde nun Südwest zu Süd gesteuert, dann änderte der Schiffer den Kurs auf Südwest. Die Entfernung zur Küste wurde von beiden Achterschiffsgästen auf sechs Seemeilen geschätzt. Daraufhin wurde erneut der Kurs nach Land zu verändert. Dieser Leichtsinn! Der Mann am Ruder – der Koch! – bemerkte Brandung voraus und machte den Schiffer darauf aufmerksam. Der aber winkte ab und schrie: ›Du steuerst in die Hölle, wenn ich dir das sage!‹

Bald darauf stieß der Segler in starker Brandung auf Grund, und zwar so heftig, daß Teile des Kiels losbrachen und schon nach kurzer Zeit fünf Fuß Wasser im Raum stand. Da war an ein Auspumpen nicht mehr zu denken. Sie trafen alle Vorkehrungen, um von Bord zu gehen, doch schlug das ausgesetzte große Boot mehrmals um. Nun, schließlich gelang es doch, es ordentlich zu bemannen. Der Schiffer blieb an Bord.

Meine Herren Kameraden, wir sollten noch einmal auf das Wohl Seiner Majestät anstoßen.«

Wieder wurden die Stühle gerückt, die Herren erhoben zuerst sich, dann die Gläser, und drei feuchte Hurras dröhnten durch den Salon. In der Vitrine klirrte Kristall, und draußen schlug der Hofhund an. Nachdem Bertha die Gläser gefüllt hatte, fuhr der Admiral in seiner Berichterstattung fort: »Der Schiffer war aber nicht deshalb an Bord geblieben, um mit dem Schiff unterzugehen, sondern er war zu besoffen. Der Steuermann nahm ihn nicht mit, obwohl er ihn hätte fesseln können.

Die Mannschaft machte es sich dann am Strand bequem und wartete auf ihre Rettung. Um den Schiffer auf dem Wrack kümmerte sich keiner mehr. Drei Tage später, der Rausch war wohl vorbei, band sich Miedbrodt an einen Lukendeckel und sprang über Bord. Er konnte nicht schwimmen, ich halte auch nichts davon, aber er hatte Glück, die Wellen trieben ihn an Land.

Das Wrack wurde für 130 Milreis verkauft, zusammen mit der Seekarte! Haben Sie das gehört, meine Herren Kameraden? Verkauften die einfach die Dokumente mit, aber das wird dem Schiffer nicht helfen. Absichtlich hat er die Bark kaum aufs Riff gesetzt, denn er hatte ja keinen Vorteil aus dem Untergang. Der Kerl war, wie die Zeugen ausgesagt haben, betrunken. Nun ist das eine Feststellung, die wir in zunehmendem Maße machen müssen, daß auf den Schiffen der Kauffahrtei der Alkoholkonsum zunimmt. Uns jedoch sollte das heute nicht hindern, auf das Wohl Seiner Majestät des Kaisers unsere Gläser in Ehrfurcht und Treue zu erheben.«

Schwerfällig stemmten sich die Herren der maritimen Tafelrunde hoch. Müller-Scharein mußte sich mit der linken Hand am Tisch festhalten. Offensichtlich litt er an Gleichgewichtsstörungen. Als die Gläser geleert waren und die Herren wieder ihre Plätze eingenommen hatten, erkundigte sich Admiral von Ebersfeld nach der Meinung der Herren Kameraden.

Aber das war nur eine Floskel, denn es gab ja nur seine Meinung, die Müller-Scharein sicherlich bestätigen wollte, als er sagte: »Wir müssen dafür sorgen, daß die Freiheit der Meere, der Schiffahrt in Nord- und Ostsee und überall uns Deutschen erhalten bleibt und darum . . .«

Was er eigentlich ausdrücken wollte, blieb ungesagt, denn er war eingeschlafen. »Er ist müde«, erklärte von Bossen und fügte hinzu: »Es ist wohl auch Zeit aufzubrechen. Morgen steht uns allen ein arbeitsreicher Tag bevor.«

Sie stützten sich gegenseitig, als sie das gastfreie Haus um Mitternacht verließen und im Schlitten nach Hause gefahren wurden.

Als der Admiral morgens das Frühstückszimmer betrat, ging es ihm schlecht. Besorgt erkundigte sich seine Frau nach seinem Gesundheitszustand und war dann sehr stolz auf ihn, daß er trotzdem ins Amt ging.

An diesem Morgen, dem 19. März 1889, kassierte das Seeamt in Königsberg auf Antrag des Reichskommissars die Patente des Kapitäns Miedbrodt und des Steuermanns Richter, der dann 1916 als einer der ersten in der Skagerrak-Schlacht auf dem kleinen Kreuzer *Elbing* als Steuermann fiel. Aber um für Kaiser, Volk und Vaterland zu sterben, brauchte er kein Patent.

Schiffslegende
Bark *Othello*
Erbaut 1866 bei Heinrich Otto Becker in Pillau
Unterscheidungssignal: HBKR
Reeder: Franz Robert Dittborn (1866–1876), Offene Handelsgesellschaft J. G. Gerlach, Memel (1876–1888)
Kapitäne: J. F. Seefeldt (1866–1868), J. Lindenstrauß (1868–1872), C. Sieg (1872–1877), G. W. Miedbrodt (1877–1888)
Besatzung 1870: 13 Mann; 1888: 12 Mann
1888 Seeverlust

Unter schwerem Verdacht

Auf Steuerbordbug liegend, segelte bei leichten westlichen Winden die französische Brigantine *Albert Renée* von den Antillen westwärts, als vom Ausgucksmann auf der Back ein Schiff ausgesungen wurde, das fast auf ihrem Kurs lag.

Kapitän Jean Moyon, der sich gerade anschickte, ein Nickerchen in seiner Kajüte zu machen, hastete den Niedergang hinauf an Deck, um sich das fremde Schiff anzusehen.

Inzwischen hatten sie sich dem anderen Segler weit genug genähert, um mit bloßem Auge erkennen zu können, daß die dort treibende Bark von ihrer Mannschaft verlassen war, aus welchen Gründen auch immer.

Kommandos wurden ausgesungen, und die Matrosen, die sich an Deck eingefunden hatten und neugierig zu dem tief im Wasser liegenden Schiff hinüberstarrten, gerieten in Bewegung. Segel killten im Wind, der Großtopp wurde backgebraßt, und langsam lief die Brigantine aus, bis sie sich fast gestoppt nicht weit von dem verlassenen Schiff in der Dünung wiegte.

Ein Boot wurde auf Leeseite zu Wasser gebracht und mit Freiwilligen bemannt. Als es unter der Führung des Steuermanns ablegte, rief ihm der Kapitän nach: »Wir nehmen sie in Schlepp, das wird unsere Taschen füllen.«

Er dachte an den Bergelohn. Noch eifriger griffen die Männer im Boot zu den Riemen. Eine gute Stunde später war eine Verbindung zwischen den Schiffen hergestellt, und der Schleppzug setzte sich müde in Bewegung.

Der Steuermann war zurück an Bord gekommen, schilderte Kapitän Moyon die Lage auf der Memeler Bark *Achilles* und meinte abschließend, daß sie es schaffen könnten, vorausgesetzt allerdings, das Wetter bliebe so.

Danach begab sich der Kapitän in seine Kajüte und schlug das Schiffstagebuch auf, um den Vorfall festzuhalten:

»25. März 1886. Wir fanden im treibenden, aber nicht unbedingt sinkenden Zustand zwischen Cork und Land's End die Memeler Bark *Achilles*. Das Schiff ist von der Besatzung im eigenen Boot verlassen worden. Offenbar in Ruhe, denn es fehlen die Schiffspapiere. Im Laderaum wurden sechs Fuß Wasser gepeilt. Wir versuchen, es lenz zu bekommen.«

Das gelang zwar nicht, aber der tüchtige französische Kapitän brachte die schwer angeschlagene ostpreußische Bark im Schlepp bis auf die Reede von Penarth, wo er sie absichtlich auf die Ost-Mudd-Bank setzte, um sie dort bei Niedrigwasser leichter abdichten zu können. Um das sich im Schiff befindliche Wasser schneller loszuwerden, bohrte der Schiffszimmerer im Achterschiff mit dem großen Stangenbohrer zwei Löcher.

Sachverständige, die herbeigerufen worden waren, schätzten die Kosten der Reparatur auf über 2000 £. Das war eine Summe, die der Kapitän der Brigantine nicht aufbringen konnte, und er begrub den Traum von einem eigenen Schiff, rief die Männer zurück und segelte weiter. Die Löcher im Achterschiff aber blieben.

Ein Reporter der Londoner Zeitung »Echo«, der dort Urlaub machte, untersuchte das Schiff, fand die beiden Löcher, kombinierte, und am nächsten Tag bildete der vermutete Versicherungsbetrug die Schlagzeile, die unkommentiert von deutschsprachigen Zeitungen übernommen wurde.

Die *Achilles,* 1863 gebaut und nur mit 6000 Mark versichert, wurde vom Eigner Rheetz geführt, der zusammen mit seinen Leuten am 24. März Falmouth erreicht hatte und mit einem Dampfer nach Deutschland zurückgereist war. Sie konnten nicht ahnen, daß zur gleichen Zeit ihre *Achilles* nach Irland geschleppt wurde, sondern glaubten sie gesunken.

Um so verwunderter war Kapitän Rheetz, als er in den Zeitungen über das Einbringen seines Schiffes las und die damit verbundenen Verdächtigungen. Er ging, sobald sich seine Erregung gelegt hatte, zum Rechtsanwalt Dr. Röger sen., der ihn erstaunt anschaute, als er fast polternd die Kanzlei betrat.

»Nun setzen Sie sich mal und erzählen mir den ganzen Schlamassel. Rein kommt man leicht, schwer raus, sage ich immer. Bleiben Sie man ganz ruhig, stecken Sie sich 'ne anständige Zigarre an und dann schießen Sie los. Wie die Preußen, sage ich immer.«

Rheetz, ein Hüne von Mann, der den eher schmächtig wirkenden Anwalt um Haupteslänge überragte, beruhigte sich. Als dann die Zigarren brannten und schwere Rauchwolken durch den Lüster zogen, begann der Kapitän zu erzählen.

»Wir hatten am 4. Februar 1886 den Hafen von Troon verlassen, um eine Ladung Kohlen nach Madeira zu bringen. Das Schiff war im seetüchtigen Zustand und mit elf Mann ausreichend und gut besetzt. Doch schon am 7. Februar, also drei Tage nach unserem Auslaufen, mußten wir wegen Südweststurms und hohem Seegang Schutz in der Lamlash-Bai suchen, wo wir erst am 22. Februar die Reise fortsetzen konnten. Verstehen Sie das, drei lange Wochen der Untätigkeit, des Wartens auf besseres Wetter, auf günstigen Wind. Und es war immer noch schlechtes Wetter, als wir ausliefen, aber ich hatte keine Ruhe mehr. Ich dachte, wir würden bis ans Ende unserer Tage dort vor Anker liegen müssen.

Ich hätte warten sollen, sicher, aber damals konnte ich nicht mehr. Am 5. März tobte ein Orkan aus Nordost. Gewaltige Sturzseen kamen über, schlugen die obere Schanzkleidung weg und erschütterten das Schiff derart, daß es leck sprang und bereits am selben Tage 30 Zoll Wasser machte. Und das Wetter blieb so. Wenn der Wind auch etwas nachließ, so reichte er doch aus, um unsere Segel fortzureißen. Und ein Segler ohne Schwingen, was ist der wert auf dem Ozean? Wir waren hilflos. Ungeheure Sturzseen sprengten die Wassergangsnähte, und es drang viel Wasser in den Laderaum.

Vom 11. März an waren erst zwei Mann, vom 15. März ab weitere fünf Mann krank. Sie waren entkräftet, leergebrannt. Acht Hände reichten nicht aus, um mein Schiff in den Hafen zu bringen, nicht bei diesem Wetter, bei unserer Lage. Ich rief den Schiffsrat zusammen, und es wurde beschlossen, das Schiff zu verlassen. Zuerst aber wollten wir nichts unversucht lassen, um es doch noch zu retten. Wir leichterten die Kohleladung, pumpten ununterbrochen und nahmen Ostkurs, um das Festland zu erreichen. Wir sichteten mehrere Schiffe, aber wir konnten bei dem Wetter kein Boot aussetzen.

Am 24. März gegen neun Uhr näherte sich die norwegische Bark *Carla,* die uns aufnahm. Das Wetter hatte sich gebessert. Drüben schilderte ich dem Schiffer meine Not, und er verstand mich, gab mir drei von seinen Männern mit, und so begaben wir uns wieder zurück auf die *Achilles.* Wir brachten mehr Segel auf, und gemeinsam machten wir uns auf die Weiterreise. Dann legte der Sturm wieder zu, und die Männer der *Carla* wollten zurück, was ich verstand.

Am 25. März – was sollte ich allein an Bord ausrichten – mußte ich notgedrungen mein Schiff verlassen. Ein Lotsenkutter brachte uns – meine Mannschaft und mich, meine ich – nach Falmouth. Mein Dank galt dem Schiffer von der *Carla,* und ich hoffe, ich kann mich mal irgendwie revanchieren.«

Sie schwiegen lange, und beide Männer hingen ihren Gedanken nach. Der Rechtsanwalt war beeindruckt von der Kraft dieses Mannes, der vor ihm saß und so ruhig über den Kampf gegen Wind, Sturm und das Meer sprach. Und dieser Mann sollte absichtlich sein Schiff aufgegeben haben, um sich in den Besitz einer so kleinen Versicherungssumme zu bringen? Das hielt er für unmöglich.

»Kommt es häufig vor, daß sich ein verlassenes Schiff länger über Wasser hält als angenommen?« fragte er und griff gleichzeitig nach dem Federhalter, um sich ein paar Notizen zu machen.

»Sicher, das ist ganz normal. Die hölzernen Schiffe treiben mitunter monatelang umher, bis sie dann vollgesogen endlich untergehen. Diese treibenden Wracks sind eine der schlimmsten Gefahren auf dem Ozean. Das wissen wir, und so werden Schiffe oft angebohrt, wenn sie aufgegeben werden müssen. Natürlich wird auch auf See betrogen, und mancher hölzerne Segler wird zugunsten der Versicherungssumme verlassen, aber das trifft auf mich nicht zu. Die *Achilles* war nur mit 6000 Mark versichert, eine Summe, die ich beim Verkauf des Seglers an einen Abwracker immer erhalten hätte.«

Es gelang dem rührigen Rechtsanwalt, den Schiffer der Brigantine *Albert Renée* ausfindig zu machen, der in Cardiff unter Eid aussagte, daß die beiden Löcher im Achterschiff auf seinen Befehl hin gebohrt worden waren.

Dieser Bericht wurde vom Kaiserlichen Konsulat in London an den Reichskanzler geschickt, zusammen mit der Urkunde über die Besichtigung und Abschätzung des Wracks. Ehemalige Besatzungsangehörige der Memeler Bark konnten nicht mehr vernommen werden, da sie auf anderen Schiffen Heuer angenommen hatten. In diesen Jahren war es schon sehr schwer, in Ostpreußen die Segelschiffe zu bemannen, und so fuhren auch auf der *Achilles* fast ausschließlich nur Norweger.

Am 21. September 1886 sprach das Seeamt zu Königsberg Kapitän Rheetz von dem Verdacht frei, sein Schiff absichtlich und grundlos aufgegeben zu haben. Im Seeamtsspruch heißt es: »Unbedenklich ist die Ursache des Seeunfalls lediglich in der elementaren Gewalt zu suchen, der das Schiff auf die Dauer Widerstand zu leisten nicht vermocht hat.«

Schiffslegende

Bark *Achilles*

Nummernflagge: Memel 125
Unterscheidungssignal: HBGV

Erbaut 1964 bei Behrend Pieper in Memel

Reeder: F. W. Pietsch, Memel (1864–1866), Henry Fowler, Memel (1866–1873), Meyer Levy, Memel (1873–1880), Kapitän Robert Rheetz, Memel (1880–1883), Siebert & Alexander, Memel (1883–1886). Ab 1886 in Cardiff (England) beheimatet. Weiteres Schicksal des Schiffes unbekannt.

Kapitäne: M. Trapp (1864–1873), Robert Rheetz, Memel (1873–1886)

1876 Nordatlantikfahrt

Aus der Zeitschrift der Deutschen Gesellschaft zur Rettung Schiffbrüchiger 1867: »Endlich sind noch zwei außerordentliche Gratifikationen für Rettungen bewilligt, welche nicht von Stationen der DGRS beschafft sind, nämlich 50 Reichsthaler für die unter ganz besonderer Anstrengung am 2. Dezember 1866 vollbrachte Rettung eines Matrosen vom preußischen Schiff *Achilles*.

Das Schiff erhielt 1880 zwei neue Masten und eine neue Takelage. Es wurde 1887 nicht mehr beim Germanischen Lloyd registriert.

Bis zur Erschöpfung

Als Friedrich Wilhelm IV. 1861 aus geistiger Umnachtung durch den Tod erlöst wurde, bestieg Prinz Wilhelm den preußischen Thron. Die feierliche Krönung in Königsberg, der auch Bismarck beiwohnte, zeigte, daß der neue Herrscher in altpreußischem Geist seine Würde als von Gott verliehen betrachtete.

Kapitän Rose hatte es sich nicht nehmen lassen und war am 18. Oktober nach Königsberg gereist, um wenigstens einmal den König von Preußen persönlich zu sehen. Und dann war er in der Kutsche ganz nahe an ihm vorbeigefahren. Rose hatte den Hut in die Luft geworfen und laut gerufen: »Es lebe unser König Wilhelm I.« Diesen stolzen Tag, den er miterleben durfte, vergaß er nie, und so war es nur natürlich, daß er sein eigenes Schiff 1864 auf den Namen *Wilhelm I.* taufen ließ. Dieser Name hat ihm und dem Schiff Glück gebracht. Die mit 1219 cbm vermessene Bark war bei Fechter gezimmert worden zu einer Zeit, als noch Hochkonjunktur im Schiffbau war. In elf Jahren verließen 49 Schiffe die Bauplätze in Memel, während weiter westlich die Werften schon den Eisenschiffbau förderten.

Die weltweite Wirtschaftskrise von 1857 wurde durch eine gute Getreideernte in Europa ausgelöst. Als Folge dieser guten Ernte in Ostpreußen, Polen und Rußland fanden sich für das amerikanische Getreide, dessen Anbau in den vergangenen Jahren erweitert worden war, keine Abnehmer. Da zu gleicher Zeit der Goldrausch in Kalifornien vorbei war, litten die Vereinigten Staaten plötzlich an Geldmangel. Das führte zu Absatzschwierigkeiten der Industrie, die sich nach dem Ende des Krimkrieges (1854/56) und dem Wegfall der Kriegslieferungen auf die Belieferung des amerikanischen Marktes eingestellt hatte.

In Amerika mußten über 5000 Unternehmen schließen. Die Wirtschaftskrise wirkte sich auch auf Hamburg aus. Es herrschte bald eine erschreckende Stimmung, in der man sich hilfesuchend nach Berlin wandte, aber dort war es nicht anders.

Die Kaufleute vereinbarten schließlich, daß jeder die notleidenden Wechsel im Safe behielt und auf bessere Zeiten hoffte. J. C. Godeffroy wurde in Hamburg aufs schwerste betroffen. Er mußte sich von mehreren Schiffen trennen und seine ganze Seglerflotte verpfänden.

Der Spekulationskrach von 1857 konnte jedoch die wirtschaftliche Entwicklung in Europa nicht nachhaltig beeinträchtigen. Es kam nur zu Preiskorrekturen und Besitzwechsel. Und genau das waren denn auch die Gründe gewesen, die es Kapitän Rose ermöglichten, dieses Schiff zu erwerben.

Er führte es bis in den Januar des Jahres 1887 mit viel Geschick und Können durch die wirtschaftlichen Klippen der Zeit, indem er als Alleineigentümer das Schiff dort einsetzen konnte, wo es noch Rendite abwarf. Immer größer wurde die Konkurrenz durch die zahlreichen Dampfer, die in rascher Folge alle eingefahrenen Schiffahrtslinien übernahmen und den Seglern nur die Spreu vom Weizen ließen.

Das Schiff hatte am 25. Februar 1887 Port Royal auf Jamaika mit einer Ladung Holz verlassen, die für Newcastle on Tyne bestimmt war. Die Besatzung bestand aus guten norwegischen und finnischen Seeleuten. Bei günstigem Wind hatte Kapitän Rose Kurs auf die Windward Passage genommen, und sie waren zwischen Kuba und Haiti hindurchgeschlüpft. Es galt, Ost zu gewinnen, um mit dem Nordostpassat gemütlich den Englischen Kanal zu erreichen.

Bis zum 2. März schien das auch zu gelingen, dann trat hoher Seegang auf ohne Wind, und die hölzerne Bark, nun nicht gestützt durch den Winddruck in den Segeln, arbeitete fürchterlich. Auf der Abendwache peilte der Steuermann neun Fuß Wasser im Raum. Die ganze Nacht wurde nun durchgepumpt, und als sich die Sonne morgens über die Kimm schob, war das Schiff lenz. Kapitän Rose untersuchte den Schiffskörper genau, um die undichten Stellen zu finden, und tatsächlich, er fand sie. So gut es eben ging, wurden sie mit gehacktem Tauwerk verstopft. Das war nur ein kümmerlicher Notbehelf, und darum beschloß der Kapitän, Savannah anzulaufen, um dort die Sturmschäden auszubessern. Der Wind jedoch sprang um, und so mußte der Plan aufgegeben werden. Auch die Bermudas konnten unter diesen Umständen nicht erreicht werden. Die Mannschaft blieb an den Pumpen, und es gelang, das Schiff trocken zu halten. Bis zum 2. April.

Es war ein Freitag, und Rose, der das Tagebuch schrieb, erwähnte die auffallende Karmesinfarbe des Himmels vor Sonnenaufgang: Wie ein über die untere Hälfte des östlichen Firmaments verschmierter Blutfleck. Und er fügte den Barometerstand hinzu, 764 Millimeter.

Der Untergang der Charles Kohrsch

Kapitän Rose blieb oben an Deck. Es hatte wenig Sinn, sich hinzulegen, während die Männer an den Pumpen standen. Dann war der Sturm da, und er beobachtete den ungleichen Kampf seines Schiffes gegen die See. Sekundenlang dauerte die Aufwärtsbewegung, so daß sich die Muskeln bereits entspannen wollen. Jetzt lag das Deck horizontal, verharrte für Augenblicke, dann rutschte und kippte die Bark über den langen steilen Abhang mit einer gräßlichen Drehbewegung. Das Schiff stürzte hinab. Die Gesichter der Männer an den Pumpen wurden aschfahl vor Angst. Mit hallendem Krach bohrte sich der Segler ins Wasser. Dann folgten einige dumpfe Schläge. Im neuen Anstieg faßten Wind und See den Rumpf. Durch die Takelage ging ein kräftiges Zittern. Ein Stagsegel flog aus den Lieken und konnte nicht ersetzt werden.

Die Bark machte viel Wasser. Die Männer an den Pumpen, übermüdet und vom Wetter überwältigt, naß bis auf die Haut, mit wundgescheuerten Handgelenken und salzverkrusteten Gesichtern, schafften es einfach nicht mehr. Die Besatzung wehrte sich, schließlich kämpfte sie um ihr Leben, nicht nur um das hölzerne ostpreußische Schiff; aber immer häufiger mußte sie sich ausruhen. Fünf Tage lang, fünf unendliche Nächte hindurch, legten sich die Männer für ein, zwei Stunden in ihr Logis in die Kojen, angezogen, denn sie waren zu schwach, um das Ölzeug abzustreifen. Doch sie rafften sich wieder auf, gingen hinaus an Deck, und der Sturm nahm sie in Empfang. Sie griffen mit aufgerissenen Händen zu den Pumpenspaken, und bis zum Bauch im Wasser stehend versuchten sie, die *Wilhelm I.* über Wasser zu halten.

Dann kam der britische Viermaster *General Roberts* angeknüppelt. Er trug noch die oberen Marssegel. Kapitän Rose ließ Notsignale geben, und der Engländer drehte bei. Im Augenblick konnte natürlich kein Boot ausgesetzt werden, aber sie bereiteten alles Notwendige vor. Als es wettermäßig möglich war, gelang es der entkräfteten Mannschaft nicht, das Boot auszusetzen.

Die *General Roberts* mußte einspringen. Mit Mut und seemännischem Geschick gelang es den Männern drüben, ein Boot zu Wasser zu bringen und es auch zu bemannen. Die Besatzung der *Wilhelm I.* stand an der Schanzung und beobachtete jedes Manöver drüben.

Das Boot, gerudert von vier Mann, kam näher, legte an, und der Steuermann jumpte, als die Gelegenheit günstig war, an Bord. Er mochte kaum älter sein als zwanzig Jahre, aber zielstrebig ging er auf den Kapitän zu, gab ihm kurz die Hand, blickte sich um und sah mit dem geübten Auge des Segelschiffsmannes, wie es um die hölzerne Bark stand. Es gab nichts zu beschönigen; um das Schiff zu retten, wäre eine frische, ausgeruhte Mannschaft notwendig gewesen.

Aus dem Proviantraum der Bark wurden Lebensmittel geholt. Kapitän Rose nahm die Schiffspapiere an sich, dann stiegen sie ins Boot, ließen sich zur *General Roberts* hinüberrudern, wo man sich angemessen um sie kümmerte. Noch einmal fuhr das Boot zurück, wieder sprang der junge Steuermann der eisernen Bark hinüber, um das wracke Schiff anzuzünden. Denn immer häufiger trafen in diesen Jahren die eisernen Dampfer und Segler auf verlassene, hölzerne Wracks, die zu einer echten Gefahr für die Schiffahrt geworden waren.

Lange stand Kapitän Rose am Heck des englischen Windjammers, der mit gesetztem Obermarssegel nordwärts knüppelte, und schaute zurück, bis von der brennenden *Wilhelm I.* nichts mehr zu sehen war. Keiner der harten Seeleute lachte über die Tränen, die der einsame Mann dort am Heck weinte. Für sie hatte jedes Schiff eine Seele.

Im großen Volkslogis saß die wachfreie Crew, und die Wortfetzen eines Shantys klangen über das Deck, bevor sie vom Wind getragen verwehten:

»A clipper barque, a model ship, a flyer through and through.
O skipper bluff! O skipper brave! I would, I went with you!«

Schiffslegende
Bark *Wilhelm I.*
Erbaut 1864 bei Gustav Fechter in Elbing
Nummernflagge (1864): Memel 101
Unterscheidungssignal: HBJM
Reeder: Wilhelm Stantien & Moritz Becker, Memel (1864–1868), Henry Fowler & Co., Memel (1869–1885), H. C. Teuber, Memel (1885–1887)
Kapitäne: A. T. Mohring (1864–1866), C. F. Müller (1866–1869), H. Rose, Memel (1873–1875), C. von Petterson (1875–1876), G. H. Rose (1877–1878), C. von Petterson (1878–1884), H. Rose (1884–1887)
1887 Seeverlust

Eine große Havarie

Die Bark *Hoffnung* hatte den Winter 1886/87 gut vertäut im geschützten Winterhafen in Memel verbracht. An Bord war nur der Zimmermann geblieben, der die Zeit genutzt hatte, um kleinere Schäden in der Außenhaut auszubessern. Für einen guten Zimmermann gab es immer genügend Arbeit auf einem hölzernen Schiff, gleich, ob es noch unter Segel oder schon teils mit Dampf fuhr. Er hatte keine Angst, jemals arbeitslos zu werden, denn er konnte sich nicht denken, daß eine Zeit kommen würde, in der es keine hölzernen Windjammer mehr gab. Im Gegenteil, die Zeit der eisernen Schiffe schien eine vorübergehende zu sein, da brauchte er nur in die gängigen Schiffahrtszeitschriften zu schauen.

Ganz anders sah das der Kapitän und Miteigentümer der Bark, Schreiber. Dieses Thema beherrschte im Winter auch das 48. Stiftungsfest des Seeschiffervereins »Ressource Neptun«.

Zur Blütezeit der Memeler Reederei war 1829 in Memel eine Navigationsschule gegründet worden. In diesen Jahren besaß Memel eine nennenswerte Handelsflotte. Ihre Vereinigung wurde 1838 am 3. Februar gegründet und »Seeschiffer-Ressource Neptun« getauft. Zweck und Ziel des Vereins war gute Kameradschaft und geselliges Beisammensein; Beratungen wurden in allen Schiffsangelegenheiten abgehalten und gute praktische Ratschläge den Reedern vorgelegt. Mitglied konnte nur ein Kapitän auf großer Fahrt werden. In den ersten Jahren des Vereins wurden die Versammlungen allwöchentlich im Sommer sowie im Winter abgehalten.

Nachdem 1869 der Deutsche Nautische Verein gegründet war, wurde auch im Winter 1870/71 in Memel ein nautischer Verein ins Leben gerufen. Die »Ressource Neptun«, die damals 94 Mitglieder zählte, schloß sich diesem Verein an und steuerte zum Bau der größten Bark Memels 26000 Thaler bei. Das Schiff erhielt den Namen *Ressource.*

Vorsitzender des Vereins war 1887 seit neun Jahren der Navigationslehrer der Schifferklasse, Reinbrecht, der von allen geschätzt wurde.

Heftig waren aber auf dem diesjährigen Stiftungsfest die Meinungen über die Zukunft der eisernen Dampfer auseinandergegangen, und Reinbrecht hatte immer wieder nach Königsberg verwiesen, in dessen Schiffsregister kein Segelschiff mehr verzeichnet war. »Vielleicht«, hatte er gesagt, »ist es nur eine vorübergehende Periode, aber ich bin nicht sicher, daß wir das Ende miterleben werden, Kameraden.«

Im März, als das Eis aufbrach, verholte die *Hoffnung* an ihren Ladeplatz und übernahm eine Ladung Hölzer nach Kingstown. Noch war es kalt, und die Arbeit wurde zeitweise durch heftige Schneefälle unterbrochen, aber nach und nach kam die Ladung doch an Bord und wurde unter Deck verstaut.

Am 6. April war es dann soweit. Die *Hoffnung* lag seeklar an der Pier und wartete auf den kleinen Dampfschlepper *Anita,* der sie hinaus ins offene Meer bringen sollte.

Am Kai hatten sich die Kapitäne Riep, Wenzel und le Coutre von den im Hafen auf Ladung wartenden Seglern *Alice*, *Calypso* und *Expreß* eingefunden, mit denen Schreiber am Abend zuvor beim Schiffshändler Walker in der »Kapitänskajüte« kräftig Abschied vom Winter genommen hatte.

»Gute Reise und immer eine Handbreit Wasser unterm Kiel!« brüllten sie ihm nach, als sich die Schlepptrosse spannte und die Bark ins Fahrwasser glitt. Er hatte nur zurückgewinkt, etwas von drei Raben gemurmelt, die Unglück bringen, und war auf die andere Schiffsseite gegangen.

Der Winter war vorbei, eine neue Schiffahrtssaison in der Nord- und Ostsee begann, es mußte Abschied genommen werden. Auf der langen Mole standen schon ein paar Angler, die ihnen nachwinkten, dann waren sie draußen. Der Schlepper warf die Trosse los und ließ sie allein. Der junge Steuermann scheuchte die Männer ins Rigg, langsam blähten sich die Segel und zogen das Schiff vorwärts. Das Bugwasser schäumte auf und das vertraute heimatliche Land verschwand unter dem Horizont. Nur die Möwen hingen noch in der klaren Luft und tummelten sich im Aufwind, während an Bord die erste Seewache aufzog.

Bis zum 13. April blieb das Wetter handig, war mal flau, mal böig, aber sie kamen voran, und das war das Wichtigste an Bord eines Windsacks.

Am Tag zuvor hatten sie das Anholter Landfeuer in Sicht bekommen, und gegen fünf Uhr hallte erneut der Ruf des auf der Back postierten Ausgucks über Deck: »Leuchtfeuer in Südost!«

Der Kapitän kannte sich hier aus, er hatte alle gängigen Leucht-

Untergang des Kauffahrteischiffes Wittow *aus Stralsund (1878)*

feuer-Kennzeichen im Kopf und konnte auf eine Überprüfung in der Seekarte oder im Seehandbuch verzichten. Eine Stunde später kam, wie erwartet, auch Tindelen-Feuerschiff in Sicht, das in vier Seemeilen Abstand passiert wurde.

Unruhig aber hatte der Schiffer die Veränderungen in der Luft wahrgenommen. Dann hatte es, zuerst böig und nur vereinzelt, Schneeschauer gegeben, die den Verkehr auf Deck behinderten. Es mußte fortlaufend gefegt werden, eine Arbeit, die so sinnlos schien. Der Wind nahm zu, und auch der Schneefall wurde stärker. In der Nacht fegte ein Nordoststurm über das Kattegat, und unter dem Preß der gerefften Segel stürmte der Windjammer durch die Dunkelheit westwärts.

Dick vermummt, aber sonst ungeschützt, stand Kapitän Schreiber auf der Leeseite des Schiffs und stierte voraus. Nichts war zu sehen, nichts zu hören, nur das Schlagen von Tauen gegen die Masten, das Knarren der Rahen in ihren Aufhängungen und der Wind, der durch die Stagen und Pardunen heulte.

Acht Mann befanden sich an Bord, aber keiner war so allein wie er mit seiner Verantwortung für alle.

Es wurde Zeit, auf den anderen Bug zu gehen, um nicht zu nahe an die Küste gedrückt zu werden. Alles war jetzt Vertrauen in die Erfahrung, die er in den vielen Jahren als Schiffer gesammelt hatte.

Doch das Schiff kam nicht durch den Wind, es mußte gehalst werden. Dann war es endlich geschafft, und beruhigt nahm der Kapitän wieder seinen Platz ein, diesmal auf der anderen Schiffsseite, aber wieder in Lee. Die Mannschaft verließ das Deck, verzog sich teils in die Koje oder in die warme Kombüse. Im Logis wurde nicht geheizt. Zwei Stunden später wiederholte sich das Manöver. Erneut mußten alle Mann hoch, um die nächste Halse ausführen zu können. Dann lag das Schiff wieder auf westlichem Kurs.

Kurz nach Mitternacht zeigte das ausgeworfene Lot nur noch 12 Faden Wassertiefe. Vielleicht nur eine Bank, dachte der Kapitän, dann klarte es etwas auf, ein weißes festes Licht kam in Südsüdost in Sicht. »Peilen!« schrie der Kapitän dem Steuermann zu, der neben dem Kompaß stand, aber es war zu spät. Eine dichte Schneebö fegte über die Bark, und das Feuer verschwand außer Sicht.

»Das muß Nidingen-Feuer gewesen sein«, sagte der Schiffer zu seinem Steuermann, wohl auch, um ihn zu beruhigen. Kurz darauf stieß das Schiff heftig auf und saß fest. Die beiden Männer blickten sich ratlos an.

»Das verstehe ich nicht. Es muß Nidingen-Feuer gewesen sein, ein anderes Feuer gibt es hier nicht«, sagte Schreiber. Er wußte, daß diese Grundberührung das Ende der Bark war. Ein eisernes Schiff hätte abgebracht und repariert werden können, mag er gedacht haben, als er befahl, Notsignale zu geben. Bald hallten dumpfe Böllerschüsse durch die Nacht. Zum Glück ließ der Schneefall nach und hörte gegen Morgen ganz auf, so daß sie leicht von Land aus gesichtet wurden. Nun, als es sichtig war, entdeckte der Kapitän das vom Sturm vertriebene Feuerschiff, dessen Licht er für Nidingen gehalten hatte. Ein verhängnisvoller Irrtum, für den er nicht zur Verantwortung gezogen werden konnte.

Dann kam das Rettungsboot und holte die Mannschaft ab. Im Laderaum standen drei Fuß Wasser bei den Pumpen. Es war sinnlos hierzubleiben. Schweren Herzens verließ als letzter der Kapitän sein Schiff.

Doch die *Hoffnung* ging nicht unter. Sie wurde von einem Dampfer abgebracht, der 27 Prozent vom Wert des Schiffes und der Ladung für seine Dienste verlangte.

Da es sich hier um eine »Große Havarie« handelte und die Versicherungsträger Schwierigkeiten machten, wurde die Bark von Fredrikshaven nach Helsingör überführt, wo ein größeres Dock vorhanden war, um sie genau besichtigen zu können.

Danach stand fest, daß die Reparatur zu aufwendig und in keinem Verhältnis zum Wert des Schiffes gestanden hätte.

Die Ladung wurde gelöscht und mit einem Dampfer nach England gebracht. Die *Hoffnung* aber wurde abgewrackt und das Holz verkauft.

Schiffslegende

Bark *Hoffnung* ex *Forerinner*

Erbaut 1862 bei E. Young in North Shields

Unterscheidungssignal 1874: HBPF

Reeder: Day, North Shields (1862–1871), Thomas Farlane (1871–1874), August Leberecht Hohorst & Partner, Memel (1874–1886) – umgetauft in *Hoffnung*, F. W. Ogilvie, Memel (1886–1887)

Kapitäne: Thomas Farlane, Scott und Georgeson, C. H. Schäfer (1874–1876), C. Möller, Memel (1876–1878), F. Schreiber, Memel (1878–1887)

1887 Seeverlust

Das Kapitänsbild

Im Museum, umgeben von den Erzeugnissen einer vergangenen geschichtsträchtigen Zeit, den Produkten und Werkzeugen unserer Zivilisation und dem Schöpfertum verblaßter Kulturepochen, entdecke ich an einem Stützpfeiler das stark nachgedunkelte Bild der Bark *Ceres* aus Memel, geführt von Capt. C. v. Petersson 1865: ein Kapitänsbild, von denen fälschlicherweise oft angenommen wird, daß sie von Kapitänen gemalt wurden. Das gab es sicher auch, aber Seeleute bemalten lieber die Innendeckel ihrer Seekisten, und diese Kunst war naiv.

Aus ganz anderen Motiven heraus entstanden die ›Kapitänsbilder‹, Schiffsporträts im eigentlichen Sinn, deren Anfänge in das dritte Viertel des 18. Jahrhunderts zurückreichen und mit der endgültigen Umstellung auf die Dampfmaschine aufhören. Die Fotografie mag ihren Teil dazu beigetragen haben, war aber sicher nicht entscheidend. Das Dampfschiff war Zivilisation, Segeln aber Kultur.

Schiffsporträtisten sind nur scheinbar naive Maler; denn oft übten sie diese Tätigkeit berufsmäßig aus. Sie waren an Aufträge gebunden, hatten also wenig künstlerischen Spielraum. Es galt, das Schiff des Auftraggebers, in den meisten Fällen eben des Kapitäns, so auszuführen, wie er es sah.

Schiffe im Sturm sind selten gemalt worden und erinnern mehr an Votivbilder. Noch in der Zeit der Hanse begaben sich mitunter ganze Schiffsbesatzungen nach überstandener Seegefahr auf Wallfahrt. Am häufigsten wählte der Maler den einfachsten Blickwinkel, die Seitenansicht. Originalgetreu sind die meisten abgebildeten Schiffe nicht, wie Vergleiche mit Schiffsplänen ergaben, aber die Seeleute hatten zu ihren Windjammern eine gefühlsbetonte Beziehung.

Ich bitte um die Erlaubnis, das Bild abnehmen zu dürfen, was mir auch gewährt wird, und gehe hinüber in den angrenzenden Raum, um es unter grellem Lampenlicht näher zu betrachten. Der Wärter ist mir mißtrauisch gefolgt und fragt: »Ist das etwas Besonderes?«

Eigentlich nicht, ein ganz normales Kapitänsbild, wenn man sich für Geschichte nicht interessiert und alte Segelschiffe nur für alte Segelschiffe hält. Aber das sage ich nicht, sondern:

»Das Bild erzählt eine Geschichte, wenn man die Zeichen deuten kann.«

Er setzt sich neben mich, blickt auf das Bild auf dem Tisch, auf mich, und ich spüre, daß sein Mißtrauen nicht geringer geworden ist. Vielleicht ist auf dem Bild das Versteck eines Schatzes angegeben? Ich weiß nicht, was er noch denkt, aber er ist hartnäckig und fragt weiter: »Und was erzählt Ihnen das Bild?«

»Es wurde von C. Olsen gefertigt, das steht ja hier, eigentlich hieß er Carl J. Emil Olsen und wohnte in Kopenhagen. Er lebte von 1818 bis 1878 und war Gehilfe des Vilhelm Malby, dessen großer, malender Bruder Anton einige Jahre in Hamburg als Gast des Kaufmanns Abraham Schuldt verbrachte. Er lernte dort Caspar David Friedrich kennen, und diese Anregungen lyrisch-romantischer Meereslandschaften gab er weiter.

Im Hintergrund sehen Sie das Schloß Helsingör, viel zu deutlich und auch zu groß für das Bild, aber nicht ohne Bedeutung für die damalige Zeit. 1865 ist das Bild gemalt worden. Der Krieg mit Dänemark, der im Februar 1864 begann, war mit dem Frieden zu Wien im Oktober desselben Jahres zu Ende gegangen. Dänemark entsagte allen seinen Rechten auf Schleswig-Holstein und Lauenburg zugunsten des Kaisers von Österreich und des Königs von Preußen.«

»Was aber hat das Schloß damit zu tun?«

»Mit dem Krieg nichts, und doch bedeutete das Kriegsende auch das Ende des Sundzolls, den die deutschen Schiffe dort vor dem Schloß entrichten mußten. Wahrscheinlich hat Capt. C. v. Petersson bei dem Maler darauf bestanden, daß dieses Schloß als Sinnbild von Handelsbeschränkungen mit auf das Bild kam. Die *Ceres* hatte das Jahr 1864 über untätig in Memel gelegen, der Kapitän war möglicherweise am Seegefecht eines preußischen Geschwaders am 17. März bei Jasmund unter Admiral Jachmann beteiligt. Als er entlassen wurde und die *Ceres* wieder übernahm, war Winter und die Schiffahrt erneut lahmgelegt.

Im Frühjahr 1865 lief die Bark aus, machte in Kopenhagen fest, und Capt. von Petersson ließ sein Schiff malen. Die Anfertigung eines Schiffsporträts für den Kapitän ist nicht zuletzt Ausdruck für dessen soziale Stellung. Die Kosten für solch ein Bild wurden in der Regel dem Reeder aufgeladen und werden wohl auch in diesem Fall kaum mehr als 50 Mark betragen haben, etwas mehr also als eine Matrosenheuer.«

Mein Zuhörer unterbrach mich: »Es gab wohl viele Segelschiffe damals in der Ostsee?«

»Ja, die Konkurrenz war groß. Memel hatte 1863 immerhin 90 Rahsegler, das war viel, aber im Vergleich zu der größten Reederei in der Ostsee, der Firma Rodborter in Barth, die alleine 46 Segler laufen hatte, auch wieder nicht. An zweiter Stelle stand damals die Reederei Blink aus Danzig mit 23 Schiffen.«

»Und wo wurde die *Ceres* gebaut?«

»In Elbing bei Gebrüder Mitzlaff, 1862. Die Werft lag neben dem damaligen Newcomer Schichau, der 1841 für die Elbinger Kaufmannschaft den ersten Dampfbagger gebaut hatte und so auf den Schiffbau hingewiesen wurde. 1854, also acht Jahre bevor die *Ceres* für die Reederei H. Fowler in Memel die Werft verließ, war auf dem Nachbargrundstück mit der *Borussia* der erste in Preußen hergestellte eiserne Dampfer vom Stapel gelaufen. 1873 wurde in Elbing der letzte hölzerne Segler gezimmert. Danach übernahm Schichau das Gelände, um sich auszuweiten.«

»Der Dampfer hatte gesiegt!«

»Ja, aber noch nicht 1865, einem bedeutenden Jahr für die Schiffahrt in Deutschland überhaupt. Die ›Deutsche Gesellschaft zur Rettung Schiffbrüchiger‹ wurde gegründet. Sicher, es wurden immer mehr Dampfer in Dienst gestellt, aber von einem Siegeszug konnte keine Rede sein. Ein Jahr später erreichte die Hamburger Segelschiffsreederei mit 517 Seglern ihren Höhepunkt. Dampf war teuer. Um damals 100 cbf. zu 20 Pfund Spannung zu erzeugen, mußten 1,6157 Pfennige aufgewendet werden.«

Ein Museumswächter kam klirrend, nuschelte einen Gruß und verschwand wieder. Es war spät geworden und Zeit, das Museum zu verlassen.

»Interessant«, sagte mein Gesprächspartner, »das ist alles interessant, aber was ist aus dem Schiff geworden?«

»Das ist eine ganz andere Geschichte, ich komme wieder mal vorbei und erzähle sie.«

Diese Zeit aber fand ich nicht mehr, denn ich war in der kleinen Stadt an der Ostsee nur zu Besuch.

1866 verließ die *Ceres* den Hafen von Memel. Bevor der Lotse von Bord ging, erinnerte er den Kapitän an die neuen Bestimmungen zwecks Schleppmöglichkeiten und übergab ihm ein Reglement. »Will ein Schiff durch ein Dampfboot in den Hafen

Memeler Bark Ceres, *ein Kapitänsbild*

gebracht werden, so müssen vom Großmast zwei – und wird das größere Dampfboot gewünscht, drei – Flaggen untereinander gesetzt werden. Es soll so nahe wie möglich an die große Seetonne herangesegelt werden, da für jede halbe Meile hinter der Reede drei bis fünf Mark extra berechnet werden.«

Das Kapitänsbild hatte C. v. Petersson bei seiner Frau gelassen, als Geschenk, damit sie ihn in Gedanken besser begleiten könne. Die *Ceres* stürmte bei südwestlichen Winden durch die Ostsee. Der Kapitän war ein harter Segler, schonte die Mannschaft, das Schiff und sich nicht. Viel lieber wäre er auf einem der schnellen Clipper an Bord gewesen, die wie Windhunde über den Ozean huschten.

»Es sollen bald Schiffe gebaut werden«, hatte er zu Hause zu seiner Frau gesagt, »die sollen unter dem Wasser schwimmen.« Seine Frau hatte ihn ausgelacht.

»Du wirst sehen, diese Schiffe werden kommen, die Admiralität hat eine Kommission gebildet, um die Frage untersuchen zu lassen. Ich werde mich freiwillig melden.«

Diese Idee nahm er mit an Bord. Sie beschäftigte ihn die ganze Reise nach England, und der Steuermann schützte unabwendbare Arbeit vor, wenn er das Gespräch auf sein Lieblingsthema brachte. Im Juli verließ die *Ceres* die britische Insel ohne Steuermann Ehlert, der beschlossen hatte, lieber abzumustern, als mit einem Kapitän weiterzusegeln, der nichts anderes im Kopf mehr hatte als Schiffe, die unter Wasser fahren konnten.

Die *Ceres* kehrte nicht mehr zurück. Im Sturm auf der Reise zum Golf von Mexiko verlor sie die Masten und trieb vor Topp und Takel hilflos durch ein Meer aus kochender See, mehr unter als über Wasser.

Kaum legte sich der Weststurm, wohl die Ausläufer eines Orkans, wurde aus einer an Deck liegenden Reservespiere ein Notmast errichtet und mit zwei Stagsegeln bestückt. Viel war das nicht, aber der Segler steuerte wieder, und was noch wichtiger war, vorbeiziehende Schiffe konnten die wracke *Ceres* eher ausmachen.

So trieben sie drei Wochen. Die See schien leergefegt zu sein. Etliche Trinkwasserfässer waren leck, und im Proviantraum stand kniehoch das Salzwasser.

Dann entdeckte sie der Ausgucksmann auf dem englischen Schraubendampfer *Xantho,* und die völlig entkräftete Besatzung wurde geborgen, ohne den Kapitän, der sich weigerte, sein Schiff zu verlassen.

Als sich die Sonne über den zerklüfteten Rand des Horizonts schob und eine flimmernde Brücke über die See warf, war die ostpreußische Bark verschwunden. Nur der von Anbeginn wehende Wind sang den letzten Shanty.

Schiffslegende
Bark *Ceres*
Erbaut bei Gebrüder Mitzlaff in Elbing
Nummernflagge: Memel 20
Reeder: Henry Fowler & Co, Memel (1862–1866)
Kapitäne: H. Rose (1862–1864), C. von Petersson (1864–1866)
1866 Seeverlust

Kollision im Nebel

Es war November, als ich von Neumühlen kommend in Övelgönne halt machte, um in der Galerie der fahrenden Seeleute mit dem Leiter H. H. Münch zu plauschen, der früher als Seemann auf Luxusyachten und Totenschiffen um die Welt fuhr. Nicht weit von uns gluckerte die Elbe zufrieden in ihrem Bett, heulten Schlepper Riesenpötten nach. Vom Anleger unten kamen ein paar Matrosen die Straße hoch, tatendurstig und neugierig auf die Stadt, die Kneipen und die Mädchen. In der kleinen Teeküche hörte ich das Wasser im Kessel kochen, und bald darauf roch es in der Galerie nach Grog, während draußen die ersten Nebelschwaden über den Strom zogen.

Ich blätterte in herumliegenden Zeitschriften, in Bauanleitungen für Modellschiffe und stutzte, als ich zerfledderte Blätter eines Schiffsrisses in Händen hielt. Diese Völligkeit unterhalb der Wasserlinie deutete auf einen Windjammer, der in der Mitte des letzten Jahrhunderts auf einer Ostseewerft entstanden sein mußte, in Pommern, Danzig oder Ostpreußen. »Wer ist das?« fragte ich so, wie man sich nach der Person auf einem Bild erkundigt. Schiffe sind für uns Seeleute mehr als nur reine Transportgefäße ohne Seele. »Das ist die Bark *Arethusa* aus Memel, gebaut 1844 dort, 914 cbm, Unterscheidungssignal HBCM, Eichenholz mit eiserner Verbolzung, Verbleib unbekannt.«

Ich lachte, glaubte ihm kein Wort und fragte nach der Quelle seines Wissens. »Steht auf dem Schiffsriß irgendwo.«

1844, das waren 133 Jahre, die dazwischen lagen. Gab es noch weitere Spuren von dem Schiff, von den Menschen, die damals an Bord waren, den Seeleuten?

Wie waren eigentlich die Schiffsleute damals?

Sie waren sicher Kinder ihrer Zeit, waren Landgeborene wie andere auch, und die meisten wanderten später ab, gingen zurück an Land oder auf die Dampfer. Doch während dieser Lehrzeit auf den Windjammern wurde ihnen die Wesensart der Segelschiffahrt eingeprägt. Sie hatten auf jenen Windjammern ihre Knaben- und Jünglingsjahre zugebracht, sie wuchsen auf ihnen zu Männern heran, sie wurden gewogen, geprüft und gehärtet.

Es gibt wohl kaum ein Lebensgebiet, auf dem so viel, so hart, so zweckerfüllt gewerkt wurde wie auf einem Segler. Jeder Handschlag galt dem Vorwärtskommen oder der Erhaltung des Schiffes, bei Tag und Nacht, Wache um Wache. In dieser kleinen, überschaubaren Welt der Arbeit galt nichts als Leistung und Können. Da war ein Schiff, nicht schön im eigentlichen Sinn, ganz auf Zweckmäßigkeit ausgerichtet, da gab es die See, und über ihnen war der Himmel, heute, morgen, Monate um Monate, und weit von ihnen pulsierte das andere Leben, nach dem sie sich sehnten.

So waren sie damals, und mir fielen die vorhin an Land gehenden Seeleute ein. Die Schiffe haben sich verändert, die Seeleute von heute sind für die Schiffe von heute ausgebildet. Geblieben sind die Erwartungen, die Sehnsüchte und Hoffnungen, geblieben ist die See, grausam wie zu Urgroßvaters Zeiten.

Es war spät, als ich aufbrach, und die Schreibmaschine zu Hause kam in dieser Nacht bis früh in den Morgen nicht zur Ruhe.

Es gab eine Spur, ich brauchte sie nur weiter zu verfolgen, irgendwann würde ich auf die *Arethusa* und die Schiffsmannschaft stoßen.

Sie war 1844 in Memel gebaut worden, in dem Jahr also, in dem in Schlesien der Weberaufstand ausbrach, Marx in Paris Engels kennenlernte, Dumas die »Drei Musketiere« schrieb, in England der erste mit Schrauben versehene Ozeandampfer, die *Great Britain,* ganz aus Eisen gebaut, vom Stapel lief, während »Der fliegende Holländer« von Richard Wagner Einzug in die Opernhäuser hielt: Nekrolog schon auf die abgelaufene Zeit der Windsäcke, die jedoch die Herausforderung annahmen und eine Blütezeit heraufbeschworen mit Klippern, die schneller waren als die Dampfschiffe.

Die erste Spur fand ich in einem Ratgeber für Kapitäne und Schiffsoffiziere, in dem andere Schiffsführer über ihre Reisen Auskunft gaben und durch diese gesammelten Erfahrungen beitrugen, die Segelschiffahrt sicherer und schneller zu machen.

Captain A. Lehmann berichtete 1853 aus Port Luis (Insel Mauritius) von den dortigen Dockverhältnissen. Er schrieb: »Im allgemeinen wird in Mauritius sehr gut repariert und vorzüglich kalfatert. Bei der Kupferung hat man jedoch hauptsächlich gegen das Stehlen der Nägel aufzupassen. Wird jemand attrapirt, so erhält er 6 Monate Zuchthaus – ich faßte jemand ab, wie er seinen Strohhut voll Nägel machte und ihn dann auf seinen wolligen Kopf setzte, er bekam 6 Monate Zwangsarbeit.«

In der Deutschen Schiffsliste von 1870 war als Reeder W. Pietsch verzeichnet, der zu dieser Zeit noch die Schiffe *Aphrodite, Ariadne, Aurora* und *Energie* besaß. Kapitän an Bord war Surkow, der irgendwann das Schiff kaufte, denn 1884 war er als Reeder und Kapitän im Register des Germanischen Lloyd eingetragen.

In einer vom Büro Veritas herausgegebenen Monatsschrift über die Schiffsbewegungen fand ich die *Arethusa* wieder, die sich 1889 im November auf der Reise von Hull nach Memel befand.

Und dem Zufall war es zuzuschreiben, daß ich beim Besuch des Amsterdamer Rijksmuseums vor einer Vitrine stehenblieb, in der aufgeschlagen das Schiffsjournal des Schraubendampfers *Prima,* Heimathafen Amsterdam, lag, der am 9. April 1890 in Ballast von Ystadt ausgelaufen war, um nach Memel zu gehen und daselbst Ladung einzunehmen. Unter dem Datum des 10. April wurde folgender Vorfall erwähnt:

»Von vier Uhr morgens ab hatte der Steuermann Ebes mit den Matrosen Gort und de Voß, dem Koch Sand und dem Steward de Bruin die Wache. Die Maschine wurde von dem Maschinisten Niedballa bedient. Von 7 Uhr ab stand der Steuermann selbst auf der Brücke am Ruder. Wir steuerten OSO-Kurs und fuhren mit halber Kraft, also mit einer Geschwindigkeit von 4 Seemeilen. Ebes gab regelmäßig Signale mit der Dampfpfeife und sichtete die *Arethusa,* als dieselbe etwa zwei Schiffslängen entfernt war. Er legte sofort das Ruder nach Steuerbord, weil er versuchen wollte, vor dem Segler vorüberzukommen. Nach Backbord legte er das Ruder nicht, weil er das hölzerne Schiff nicht mittschiffs treffen wollte. Ein Ausguck war nicht bestellt, aber die beiden Matrosen reinigten das Deck, während der Koch und der Steward in der Kombüse beschäftigt waren.

Sofort nach erfolgtem Zusammenstoß ließ der Schiffer de Jong die Maschine stoppen, aber die *Arethusa* war nicht mehr aufzufinden. Nach einer halben Stunde setzten wir die Reise nach Memel fort.«

Was aber war mit der betagten ostpreußischen Bark und der Besatzung geschehen? War sie untergegangen wie 1883 die *Cimbria* mit über 400 Personen an Bord nach einem Zusammenstoß vor Borkum, oder wie die *Elbe* oder . . .?

Es gab zwei Möglichkeiten. Meine Suche nach dem Verbleib konzentrierte sich auf die Verlustmeldungen in den amtlichen Blättern, aber die Provinz Ostpreußen war 1890 nicht vertreten, folglich mußte die *Arethusa* den Zusammenstoß überstanden haben, aber mit der gleichen Wahrscheinlichkeit hatte sie Verklarung abgelegt, um den Schaden von dem Kollisionsgegner ersetzt zu bekommen.

Und tatsächlich, vor dem Königlichen Amtsgericht in Memel erschienen am 16. April der Schiffer Surkow, der Steuermann Krehft, der Zimmermann Huber, der Matrose Voigt und der Halbmann Toliszis von der *Arethusa* zur mündlichen Verhandlung. Danach hatte sich der Zusammenstoß wie folgt ereignet:

Um 7 Uhr am 10. April wurde die Steuermannswache geweckt und ging bis auf den Matrosen Naethler, der am Ruder stand, den Halbmann Dreyer, welcher mit dem Nebelhorn die vorschriftsmäßigen Signale gab, und den Steward Barkmann, der die Ausguckswache hatte, zum Essen.

Als der Steuermann eine halbe Stunde später auf Deck erschien, meldete Voigt, der nun am Ruder stand, daß er eine Dampfpfeife gehört habe. Kurze Zeit später sah der Zimmermann einen Dampfer aus dem Nebel auftauchen, der ungefähr eine Seemeile entfernt war. Die Besatzung der kaum Fahrt machenden Bark versuchte, die Mannschaft des Dampfers durch laute Zurufe auf die Gefahr aufmerksam zu machen, doch drüben rührte sich nichts, bis sich der Dampfer auf drei Schiffslängen genähert hatte. Erst jetzt wurde drüben das Ruder nach Steuerbord gelegt, nachdem noch ein zweiter Mann barhäuptig auf die Kommandobrücke hinaufgeeilt war.

Die *Prima* stieß mit dem Bug gegen den langen Klüverbaum der Bark, so daß er abbrach, aber auch Bug und Bugspriet wurden erheblich beschädigt. Der entstandene Schaden betrug 4300 Mark.

Das Seeamt in Königsberg tadelte am 18. April den Schiffer de Jong, dem es bei gutem Willen hätte gelingen müssen, die gerammte Bark aufzufinden.

Zwar wurde die *Arethusa* in Memel auf der Werft der Schiffszimmergenossenschaft wieder hergerichtet und die Ladung gelöscht. Doch erst im Sommer verließ der Windjammer, erneut beladen, den Hafen, um seinen Vertrag zu erfüllen.

Weitere acht Jahre lang kreuzte die *Arethusa* durch Nord- und Ostsee, schleppte Holz nach England und brachte Kohlen nach Ostpreußen. Die Spur schien verlorengegangen zu sein. Herr Kolfz vom Staatsarchiv Hamburg half weiter.

1898, immerhin war die Bark nun 54 Jahre alt, ein fast ehrwürdiges Alter für ein hölzernes Segelschiff, wurde sie von Paul Grammp aus Rostock gekauft und in Fahrt gehalten. Aber die Zeit war abgelaufen wie der Sand im alten Stundenglas, als noch der Ruf über Deck tönte: Sieben vorbei und acht verweht. Ein Zeichen für die Freiwache, sich zur Ablösung fertig zu machen. Und das Kielwasser, das der Segler als Schleppe hinter sich herzog, radierte die See aus.

Schiffslegende

Bark *Arethusa*

Erbaut 1843/44 bei Behrend Pieper in Memel

Nummernflagge: Memel 9

Unterscheidungssignal: HBCM

Reeder: F. W. Pietsch, Memel (April 1844–1868), Wilhelm Heinrich Pietsch, Memel (1868–1887), Kapitän Fredor Surkow, Memel (1887–1898), Paul Grammp, Rostock (1898–1900), Nordischer Bergungsverein, Hamburg (1900–1905)

Kapitäne: H. S. Trapp (1844–1845), J. B. Hintzke (1846–1847), H. S. Trapp (1847–1850), F. Wuttray (1850–1854), R. Rhetz (1854–1864), Fredor Surkow, Memel (1864–1898), August Burmeister (1898–1900)

Die *Arethusa* diente 1905 als Ausstellungsschiff für wissenschaftliche Präparate. Sie war in Bremerhaven beheimatet und wurde von Kapitän Suhr geführt, mußte aber geschleppt werden.

Am 15. April 1905 brachte sie der Pillauer Seeschlepper *Roland* von Libau nach Königsberg und am 8. Mai weiter nach Danzig.

Sturz von der Großrah

Der kräftige Weststurm heulte und pfiff über die Ostsee, peitschte das Wasser auf, streifte an den Nehrungen vorbei und zog ungestüm weiter nach Norden. Im Memeler Hafen lag geschützt durch die Molen die Bark *Thusnelda* und wartete auf Wetterbesserung. Sie hatte Planken für Sunderland geladen. Das Holz war irgendwo in Rußland geschlagen und auf Flußkähnen nach Memel gebracht worden.

Nachdenklich schritt, unruhig nun schon seit Tagen, der Schiffer Hamann über das Deck und beobachtete jede Wolkenbildung im Westen. Fast stündlich klopfte er mit dem Fingerknöchel gegen das Barometerglas, hinter dem der Zeiger zwar Unruhe verriet, aber unten verharrte.

Am frühen Nachmittag war der wohlbeleibte Reeder Julius Hermann Bulke an Bord gewesen, um den Schiffer auf die angespannte finanzielle Lage der Reederei hinzuweisen.

»Diese Reise noch«, hatte er gesagt, »dann ist sowieso Winter, und wir binden die *Thusnelda* an; aber wenn Sie nicht bald hier fortkommen, ist es vielleicht zu spät.«

Die *Thusnelda* war 1837 gebaut worden. Also war sie inzwischen 53 Jahre alt. Der Reeder hatte recht gehabt, als er darauf hindeutete, daß es hier in Memel wohl kaum noch ein Schiff gab, das älter war.

Das Schiff ist noch gesund, hatte der Schiffer erwidert, es zieht kaum Wasser, jedenfalls nicht mehr als die anderen hölzernen Segler auch. Was war schon dabei, schließlich gab es Pumpen an Bord. »Bei dem Wind komme ich nicht von der Küste frei«, hatte er gesagt, »der Wind würde uns glatt an den Strand werfen. Ich habe nur sieben Mann an Bord, zehn müßte ich haben.« Aber davon wollte der Reeder nichts wissen. Er hatte abgewinkt und in Erinnerung gerufen, daß es die letzte Reise wäre.

Im Volkslogis saß an der Back der Jungmann Labrenz und schrieb einen Brief nach Hause, in dem er stolz erzählte, daß er nun Jungmann geworden wäre nach der letzten Reise und daß er, wenn sie aus England zurückkämen, heimfahren würde, um dort den Winter zu verleben. Und während er das schrieb, erinnerte er sich an den kleinen Hof bei Maldeuten, auf dem er groß geworden war, an den vielen Schnee im Winter auf dem Weg zur Schule,

Fock reffen: eine Stunde Arbeit auf der Rah

den Reif auf den Bäumen vor dem Fenster seiner Schlafkammer. Er wäre gern Bauer geworden, aber der Hof konnte nur eine Familie ernähren, und erben würde ihn der ältere Bruder. Um nach Amerika auszuwandern, war er noch zu jung, aber er hatte daran gedacht, oft, wenn er in der schmalen Koje lag und an die schwere dunkle Erde dachte. Dann war ihm, als fühle er sie in den Händen.

Eine Bö orgelte heran, und er hörte dem Wind zu, wie er im Rigg an den Tauen zerrte, daß die Rahen und Stengen knarrten. Hoffentlich sehe ich euch alle gesund wieder, auch den Großvater und die Oma, und bald komme ich. Es grüßt euch alle euer Ewald.

Der knapp Fünfzehnjährige legte die Feder fort, schloß den Umschlag und brachte den Brief zum Steuermann, der noch an Land gehen wollte. Bark, der Steuermann, vergaß aber, den Brief mitzunehmen, und so blieb er in seiner Kammer liegen.

Drei Tage später, am 23. September 1890, schralte der Wind weg, und am Nachmittag zog der Schlepper *Anita* die *Thusnelda* in die offene See, gefolgt von der Dampf-Schaluppe *Hoffnung*, die aber bald im Westen verschwand.

Sie hatten in den nächsten Tagen Glück. Das Wetter war handig, und sie kamen flott voran, passierten bei achterlichem Wind den Sund und nahmen Kurs auf Skagen. Langsam veränderte sich die Gesamtwetterlage, ein Tief aus dem Nordatlantik weitete sich aus und drückte die ersten Ausläufer über England hinweg in die Nordsee. Am Ruder stand der Jungmann Labrenz. Vor ihm lehnte am Kompaß der Steuermann und saugte an seiner Pfeife. Er mochte den Jungen gern, der willig den Anordnungen nachkam und schon recht geschickt im Rigg arbeitete. Als Jungmann mußte er nun auch nachts oben arbeiten, wenn keine Hand mehr vor Augen zu sehen war. Bei gutem Wetter gewöhnten sich die Neuen bald an die erschwerten Arbeitsbedingungen, aber sorgenvoll beobachtete der alte Steuermann die steiler werdende See, den auffrischenden Wind, und er glaubte, den Jungen noch einmal auf die Gefahr aufmerksam machen zu müssen, die ihm oben im Mast drohte.

»Ewald, verstehst du mich?« hatte er gefragt, und der am Ruder stehende Jungmann hatte ja gesagt, ohne sich weiter stören zu lassen. »Wenn du oben arbeitest, laß nie ein Tau los, ehe du das andere nicht fest gepackt hast. Das ist eine goldene Regel, die mußt du immer beachten, und gehe nie in Lee nach oben. Das ist nicht seemännisch. Mancher Seemann ist von oben gefallen, und die nächste Welle hat ihn wieder an Deck gewaschen, aber das ist die Ausnahme. Bei schlechtem Wetter ist er verloren, denn ein Boot kann in der Regel nicht ausgesetzt werden.« Die Stimme des Steuermanns am Kompaßhäuschen klang wie aus weiter Ferne zu Ewald, dem Rudersmann, der aufmerksam die nur schwach beleuchtete Kompaßrose beobachtete.

»Ja, Steuermann«, hatte er geantwortet, aber diese Ermahnung nicht auf sich bezogen. Er fühlte sich als Jan Maat, dem man so leicht nichts mehr vormachen konnte.

Am 5. Oktober befand sich die Bark auf 55 Grad 33′ Nord und 2 Grad 30′ Ost. Der Wind pustete hart aus Westen, so daß die leichten Segel bereits festgemacht waren. Um acht Uhr morgens wurde die Freiwache aus den Kojen geholt, um zu halsen.

Es war ein trüber, regenverhangener Herbsttag, aber jeder an Bord wußte genau, wo jedes Tau des laufenden Gutes saß, wozu es diente, wie es lief, und sie konnten es in der wildesten, schwärzesten Nacht finden. Jeder einzelne Draht, jede Kette, jedes Tau hatte seine Aufgabe, seinen Namen und seinen Platz. Der Bau der Takelage war erfüllt von Ordnung und Sinn.

Da ertönte die laute Stimme des Kapitäns: »Auf das Ruder! Hart über!« Und schon schob der Rudersmann die Radspeichen von sich. »Klar bei Großbrassen!« erklang das nächste Kommando.

Da der Segeldruck achtern vermindert wurde, drehte das Schiff willig vom Wind ab. Währenddessen wurden die anderen Rahen vierkant gebraßt. Das Schiff stürmte nun mit achterlichem Wind in die verkehrte Richtung, aber schon waren die Leute an Deck dabei, die Vorrahen rund zu brassen. Die Vorstengestagsegel und die noch stehenden Klüver wurden übergeholt, dann eilten die paar Leute über das Deck auf die nächste Station, um die Vor- und Großbrassen anzuholen, bis die Rahen an den Wind gebraßt waren. Nun lag das Schiff auf dem anderen Bug.

Zwei Stunden hatte das Manöver gedauert. Die Freiwache konnte wieder von Deck verschwinden. Die Bark steuerte, über Steuerbordbug liegend, nun Nordwest zu Nord.

Da der Sturm weiter zunahm, gab Hamann die Order, auch das Großsegel festzumachen. Er hatte Angst, das nicht mehr neue Segel würde dem Druck des Windes auf die Dauer nicht standhalten. Wieder wurde rücksichtslos die Freiwache an Deck geholt, und ohne zu murren stieg auch der Jungmann Labrenz in Luv ins Rigg, enterte das Want hoch und achtete darauf, daß er immer ein Tau in der Hand hielt, bevor er das nächste ergriff. Hinter dem Matrosen Cypra erreichte er die Großrah und schob sich, mit den Füßen auf dem Fußpferd stehend, der Nock zu. Unter ihm schäumte die See. Mit dem Bauch auf der Rah liegend versuchten sie, das nasse Segel in Buchten zu schlagen, um es auf dem Rundholz mit Zeisingen festzuzurren.

Plötzlich glitt der Junge aus, seine Füße verloren den schwebenden Halt auf dem Fußpferd. Er fiel, konnte sich an dem dünnen Zeising, einem Hanftau, nicht richtig festhalten und stürzte ab.

Er hatte nicht geschrien, oder die anderen hörten ihn nicht, sein Schrei ging im Knattern des Segels, dem harten Schlagen der Taue gegen die Masten, dem Heulen des Sturmes unter.

Der am Ruder stehende Matrose Hoffmann sah ihn fallen. Fast wäre er am Schiff vorbeigefallen, so aber streifte sein Kopf noch die Schanzung.

»Es fällt einer von oben!« hatte er gebrüllt, und sofort war der Schiffer herbeigeeilt, hatte dem im Wasser Treibenden ein Tauende nachgeworfen, das aber der Junge nicht erreichte.

Inzwischen war auch die Mannschaft an Deck, die Rahen wurden backgebraßt und der Windjammer gestoppt. Am Heck hatte sich der Steuermann einen gewaltigen Schwimmgürtel umgebunden und wollte in die kochende See springen, um den Jungen zu holen, aber energisch trat der Alte dazwischen und ließ es nicht zu.

100 Schritte von den Planken der *Thusnelda* entfernt schwamm der Seemann Labrenz aus Maldeuten um sein Leben. Er winkte mit dem linken Arm, aber kein Ruf erreichte die stumm auf dem Achterdeck stehenden Männer, die untätig zusehen mußten, wie ihr Kamerad sein Leben verlor.

»Wir hätten das Boot aussetzen sollen«, knurrte mit zusammengepreßten Lippen der Matrose Hoffmann zum Steuermann, der den Schwimmgürtel wieder abgelegt hatte. Der Alte hatte es gehört, er drehte sich um, schaute beide Männer an und schüttelte energisch den Kopf. Um ein Boot bei diesem Wetter heil zu Wasser zu bringen und es zu bemannen, fehlten die Leute. Das Schiff war unterbesetzt. Wer sollte die Bark in den Hafen bringen, wenn auch das Boot verlorenging? Sie waren doch jetzt nur noch sechs Mann an Bord.

An diesem Abend saß der Steuermann lange in seiner engen Kammer wach, gebeugt über den verschlossenen Brief des Toten, der an die Mutter in Maldeuten gerichtet war. Er nahm schließlich einen Bleistift und schrieb auf die Rückseite zwei Verse eines Gedichtes über ein Seemannsgrab:

Keine Blume schmückt die Stelle,
und kein Hügel ziert den Ort,
nur des Meeres flücht'ge Welle,
und der Wind streicht drüber fort.

Ruhe sanft auf kühlem Grunde,
von den Wellen eingewiegt,
deiner Mutter bring ich Kunde,
wo ihr Sohn begraben liegt.

Schiffslegende

Bark *Thusnelda*

Erbaut 1837 bei Behrend Pieper in Memel

Nummernflagge: Memel 83

Unterscheidungssignal: HBDC

Reeder: Wilhelm Mattray, Memel (1837–1847), Douglas Pitcairn, Memel (1847–1869), Julius Hermann Bulke, Memel (1869–1894)

Kapitäne: G. Lammerer (1837–1842), J. G. Rickles (1843–1869), W. Drell (1873–1874), J. H. Bulke (1876–1877), F. Schröder, Memel (1877–1880), J. Maschke, Memel (1880–1881), J. O. Richter (1881–1882), H. Frey, Memel (1883–1885), R. Schleebecher (1885–1889), H. Hamann, Memel (1889–1891), L. Schwaiger, Memel (1891–1894)

Jakob Labrenz, geboren in Kaarklbeck, ertrank als Jungmann am 5. 10. 1840, als er über Bord fiel.

Bei der großen Sturmflut 1872 geriet auch die *Thusnelda* in Gefahr, die mit einer Ladung Salz von Memel nach London unterwegs war. Sie mußte nach Verlust der beiden Anker den dänischen Hafen Helsingör anlaufen und verließ ihn am 24. 11. 1872.

Zeitungsmeldung:

Sonnabend, 6. Oktober 1894: Die Bark *Thusnelda,* gezogen vom Schlepper *Erwartung,* passierte auf ihrer letzten Reise Pillau. Das 57 Jahre alte Schiff soll in Königsberg abgewrackt werden.

Eines Mannes Leben

Auf der seit 1837 bestehenden Werft des über die Landesgrenzen hinaus bekannten Schiffszimmerermeisters Pieper in Memel herrscht 1862 noch reger Betrieb. Am Ende seiner Zeit, um 1873, wird Pieper über 140 Schiffe gebaut haben, für preußische Reeder und Kapitäne; aber auch skandinavische Kaufleute, Schiffsausrüster, Seiler und Reepschläger kommen auf ihre Kosten. Im weiten Umkreis am Fluß duftet es nach Kien, riecht es nach frischem Holz und stinkt es nach Holzteer.

Nun ist es wieder soweit. Eine Bark aus ostpreußischer Eiche liegt klar zum Stapellauf. Alle Vorbereitungen sind getroffen, die obere Fläche der Schmierplanken und die untere des Schlittens sind mit einem Gemisch von heißem Fett und grüner Seife bestrichen. Da inzwischen die Hauptbeteiligten anwesend sind, wird der Befehl zum Aufkeilen gegeben, und Dutzende von Armen rühren sich, um mit schweren Hämmern die Keile zwischen die Schlitten zu treiben, bis das Schiff hoch genug, sein Kiel frei von den Kielklötzen ist. Das Ablaufgerüst wird nur noch durch ein Tau gehalten.

Es hat sich wie immer in solchen Fällen eine Menge Volk eingefunden, unter ihnen auch der Direktor der Höheren Bürgerschule mit einer Schulklasse, die auf dem Werftgelände Aufstellung genommen hat, um mit einem Liedchen für Stimmung zu sorgen. Abgesehen von diesem Beitrag soll der Primus ein Gedicht des Herrn Oberlehrers Kaul aufsagen, das sich mit dem dramatischen Untergang des Schiffes *Marida* und der Rettung des Kapitäns A. Hohorst beschäftigt.

Nachdem das Frühlingsliedchen mehr schlecht als recht zu Ende gebracht worden ist, tritt der schlaksige Primus aus der Gruppe heraus und rezitiert die zehn Verse. Er hat gut geübt, und jeder auf dem Platz kann ihn hören:

Nun wirft das Schiff auf die Seite sich schon,
die Mannschaft zum Sterben entschlossen!
Da trifft die Rakete mit surrendem Ton,
kommt quer über das Wrack geschossen!
Im Parke drüben, wo über der See
ein Tempelchen Aussicht gewähret,

dort flattert in luftiger Höh'
die Fahne, die dir einst gehöret!

Freifrau von Hoff, die Taufpatin des neuen Schiffes, die mit ihrem Gatten aus Pommern herbeigekommen ist, übernimmt, abgestimmt mit dem Oberlehrer Kaul, die letzte Strophe des Gesanges als Taufspruch für das neue Schiff.

Sein Konterfei am Schiffes Bug,
sein Name am goldenen Rande!
Nun, *Dumstrey-Hoff*, so lautet der Spruch,
zieh hin in ferne Lande!

Eine Flasche zerschellt am Bug, das haltende Tau wird gleichzeitig gekappt. Langsam setzt sich der stolze Bau in Bewegung. Alle Herzen schlagen voll Erwartung. Wird der Täufling sicher die Bahn verlassen oder wird ein Stocken der Bewegung die Vorbedeutung von Unglück sein? Die untergelegten Balken krachen und erhitzen sich durch die Reibung. Kleine Rauchwolken erheben sich. Das Schiff gleitet rasch abwärts und stürzt ins Wasser.

Ein, zwei, drei Hurras der Zuschauer verkünden den Augenblick. Nach beendetem Lauf wird das Schiff an den Kai geholt und dort sicher befestigt. Die Schulklasse zieht geschlossen ab, begleitet von manchem Neugierigen, der nur herkam, um dabeizusein. Andere aber bleiben, und es währt nicht lange, da wird musiziert und getanzt.

Die Honoratioren haben sich zurückgezogen, um als Gäste aufs ausgiebigste bewirtet zu werden. Reden werden gehalten, und es wird auf die Zukunft Memels, des neuen Schiffes, des Kapitäns, der Taufpatin und der Werft angestoßen.

Der Rittergutsbesitzer von Hoff hat sich neben den Schiffszimmerermeister Pieper gesetzt und fragt: »Wie lange gibt es in Memel ein eigenes Schiffszimmerergewerbe, mein lieber Meister Pieper?«

Der Angesprochene fühlt sich geehrt, wenngleich er seine Unsicherheit nicht ganz verbergen kann. Er ist ein einfacher Mann geblieben und lebt in bescheidenen Verhältnissen. Es werden zwar viele Schiffe an der Dange gebaut, viel Geld aber bleibt nicht hängen.

»Das ist wohl eine alte Geschichte, Herr Baron, und ich weiß

Winterstürme an der deutschen Küste: Rettungsboot gekentert!

nicht so recht, ob Sie sich tatsächlich dafür interessieren. In Memel sind nachweisbar schon 1569 Schiffe gebaut worden, die bis nach Spanien segelten. Das wollten die Königsberger aber nicht und beschwerten sich beim Herzog Georg Friedrich. Prompt kam im April 1580 eine Botschaft, die den Memelern das Schiffebauen verbot, abgesehen von den kleinen Haffschiffen. Der Herzog behauptete, daß wir seine Wälder verwüsteten. Na ja, was so die oberen Herren sich alles auszudenken belieben. Sie müssen schon entschuldigen, wenn ich so frisch frei weg erzähle. Das Verbot blieb aber nicht lange bestehen, war ja auch Unsinn, meine ich.

1783 stellten die Schiffszimmerer, sechs Meister mit 24 Gesellen, einen Antrag bei der Regierung, um zu einem selbständigen Gewerk zu gelangen. Wieder waren die Königsberger dagegen, diese Querköpfe. Doch die Meister ließen nicht locker und stellten Jahr für Jahr einen neuen Antrag. Endlich, der Magistrat zu

Memel hatte 1785 auf Ansuchen der Schiffszimmerer wieder den Antrag gestellt, wurde dem Verlangen nachgegeben. Sicher war die Regierung auch müde, sich dauernd mit den dreibastigen Memelern herumzuärgern. Im August 1786 wurde das Gewerk eröffnet!«

Herr von Hoff hatte mehrmals genickt, wohl auch, um zu beweisen, daß er zuhörte. Er vermißte seine Frau, und auch Schiffer Hohorst war nicht zu sehen.

August Hohorst hatte einen günstigen Augenblick abgepaßt, um ungesehen verschwinden zu können. Er brauchte frische Luft und wollte sehen, wie sich sein neues Schiff im Wasser ausnahm. Auf dem Werftgelände befanden sich immer noch Handwerker und Tagelöhner, die mit ihren Mädchen ein bißchen feierten.

Hohorst strebte eilig und wortkarg an ihnen vorbei und betrat das Deck seines Schiffes. Ein unbeschreibliches Gefühl der Freude, das er mit keinem Menschen zu teilen bereit gewesen wäre, erfaßte ihn. Mit keinem Menschen war wohl nicht richtig, denn es gab eine Frau, die seinem Herzen nahe stand: Freifrau von Hoff.

Er ließ sich nahe der Galion nieder, und die Erinnerung an sein Leben auf See flog ihm zu. Als 20jähriger hatte er auf der Brigg *Juno* aus Memel angemustert, die von seinem Bruder geführt wurde, der auf der Rückreise in der Ostsee an der Cholera starb. 1840 brachte er die *Melea* der Reederei Beyme nach Montevideo. Die *Melea,* die 1879 an der pommerschen Küste stranden würde. Vier Jahre später Hochzeit und dann gleich wieder hinaus mit der Brigg *Johanna* der Reederei J. Mason. 1845 übernahm er die *Marida* und verlor sie am 2. Januar des nächsten Jahres an der Küste vor Dievenow, nahe dem kleinen Seebad Hoff.

Eine Nacht, die er nie in seinem Leben vergessen würde. Die Reise mit Salz von Liverpool nach Swinemünde stand unter einem schlechten Stern. Schon in der Nordsee fiel ein Sturm über das Schiff her und zertrümmerte die Kombüse an Deck. Wasser drang ein, aber das Salz nahm es auf, die Pumpen schlugen lenz. Der Segler wurde immer schwerer und langsamer in der brüllenden See. Trotzdem gelang es Hohorst, den Windjammer durch das Kattegat und den zufrierenden Sund in die Ostsee zu bringen. Vielleicht wäre es sicherer gewesen, die Schäden in einem kleinen dänischen Hafen auszubessern, aber war der Sund erst zugefroren, lag die Schiffahrt brach.

Mit ein paar langen Schlägen brachte er die *Marida* an die mecklenburgische Küste. Dort aber schlug das Unheil erneut zu. Der vorherrschend westliche Wind drehte auf Nord und jagte den nun fast hilflosen Windjammer auf die gefährliche Leeküste. Es heulte im Rigg, die Segel zerplatzten unter dem Winddruck, und das tief im Wasser liegende Schiff war nicht an den Wind zu bringen. In querlaufender See wurden bald die Rettungsboote zertrümmert.

Dann ein heftiger Stoß. Ein Schütteln durchlief die Bark. Zwar lag der Strand zum Greifen nahe, aber um ihn bei dem eiskalten Wasser schwimmend zu erreichen, war er zu weit entfernt. Das Ende schien nahe, denn die See ging hoch und wusch nun ungehindert über das ganze Schiff in der Brandung.

Fischer hatten die Strandung bemerkt, konnten aber mit ihren Booten nicht hinaus. Sie benachrichtigten den Gutsbesitzer von Hoff, der sofort Leute zusammentrommelte und die Rettung organisierte.

Kaum flaute der Sturm etwas ab, probierte es ein Fischer, doch sein Boot kam nicht nahe genug an das Wrack heran. Ein Matrose mit einer Leine in der Hand sprang, aber er schaffte es nicht, ließ die Leine los und ertrank vor den Augen der anderen.

Erst in den Morgenstunden gelang es mit Hilfe eines Mörsers, eine Leine zum Wrack hinüberzuschießen, und in der Hosenboje wurde einer nach dem anderen an Land gezogen. Erschöpft erreichten sie alle das Ufer.

Schiffslegende
Bark *Marida*
Erbaut 1837 in Memel
Reeder: Kaufmann, Memel
Kapitäne: Heinrich Rudolf Behrendt (1837–1843), August Hohorst, Memel (1845–1846)
1844 kam die *Marida* auf der Reise von Memel nach Liverpool auf der Sandbank Lappen bei Helsingör fest.
Sie wurde für 700 Taler von dänischen Fährleuten abgebracht.
1846 gestrandet

Die Strandung der *Marida*

»Börsen-Halle«, Hamburg, den 2. Januar 1846: »Die Nachricht, daß ein Schiff bei Raddack gestrandet sei, hat sich leider bestätigt. Es war das Memeler Barkschiff *Marida,* Kapitän Hohorst, von Liverpool nach Stettin mit Salz bestimmt. Fünf Strandbewohner fuhren mit eigener Lebensgefahr in einem Fischerboot an Bord, um die Mannschaft zu retten, nahmen von dieser auch vier Mann und einige Sachen auf, hatten aber das Unglück, daß das Boot in der Brandung vollschlug, wobei ein Fischer und ein Matrose ihr Leben verloren. Bei dem Einsteigen ins Boot stürzte der Jungmann H. Olsen in die See und ertrank. Der Koch soll schon in der Nordsee über Bord gespült worden sein.

Die geretteten drei Mann sind: der Jungmann A. Ohlberg, der Zimmermann Moldenhauer und der Matrose Gottfried Schöpcke. Die übrigen sechs Mann, darunter Kapitän und Steuermann, befinden sich noch an Bord und können sich nur auf dem Hinterschiff halten, da der Vorderteil fast ganz unter Wasser liegt.

Des hohen Seeganges wegen konnte man später Boote zum Retten nicht gebrauchen, und wurden nun mit einem Rettungsapparat Versuche gemacht, die bis zu diesem Augenblick fruchtlos blieben und der eingetretenen Dunkelheit wegen nicht weiter fortgesetzt werden konnten. Das Schiff ist jedenfalls als Wrack zu betrachten, da das Steuer schon ausgestoßen und andere Stücke davon ans Land getrieben sind.

Nach Aussage der geretteten drei Mann hat das Schiff in der Nacht um ein Uhr mehrere Male hart gestoßen (nach Vermuthen auf ein Riff der Insel Rügen). Nachdem sie frei gekommen, hättern sie bemerkt, daß ihr Schiff leck sei, welches so stark zugenommen, daß sie dasselbe, bei fortwährendem Pumpen, kaum hätten lenz halten können, daher durch den Wind, um sieben Uhr morgens, auf den Strand gekommen wären (am 1. 1. 1846).

Prostscriptum: Um nicht wieder mit leckem Schiff vom Lande abzutreiben, hat der Kapitän den Anker fallen lassen. Das Schiff liegt zwar auf dem Grunde, würde aber näher ans Land kommen, wenn die Kette geschlippt werden könnte. Dieselbe soll aber im Raum in großer Unordnung liegen, und ist dies auch jetzt, da das Schiff so tief unter Wasser liegt, nicht mehr möglich. Die Sturzsee, welche das Schiff in der Nordsee erhalten, hat sämtliche Boote und den Kettenkasten zerschlagen und die Kombüse über Bord genommen.

Vom 4. Januar 1846: Gestern wurden wiederholte Versuche zur Rettung der sechs Mann gemacht. Mit einem Boote abzukommen, war nicht möglich und wurde gestern mehrmals versucht. Nachmittags gelang es dem Rittergutsbesitzer Herrn Dumstrey auf Hoff, mit den ihm von der Regierung anvertrauten Rettungsapparaten eine Verbindung vom Lande zu dem Schiffe zu bewerkstelligen. Es wurde ein Boot an einer Leine befestigt, und wandten nun diese sechs Mann ihre letzten Kräfte an, das Boot zu dem Schiffe zu ziehen. Nachdem ihnen dies gelungen und sie glücklich eingestiegen, wurde das Boot ans Land gezogen, so daß die sechs Mann um vier Uhr nachmittags glücklich landeten. Nach Aussage des Kapitän Hohorst soll das Verdeck bereits zerschlagen sein, und hat er mit den fünf Mann die letzte Nacht in der Mars zugebracht.

Die gerettete Besatzung der *Marida,* Kapitän Hohorst, Steuermann Schäfer, die Matrosen Olsen, Schäfer und Hohn (Holm?) und Kajütswächter Wentzel sagen dem Herrn Rittergutsbesitzer Dumstrey auf Hoff für seine zweitägigen Bemühungen mit dem Rettungsapparat öffentlich herzlichen Dank.«

Ein gefährlicher Weg

Am 25. September 1879 lag die Schonerbark *Condor* in Sunderland, England, an der Kohlenpier, und die sechsköpfige Besatzung, einschließlich des Hilfskochs, war im Laderaum mit dem Trimmen der Nußkohlen beschäftigt, die für Memel bestimmt waren. Es war eine Knochenarbeit für die Seeleute, die Kohlen unter Deck zu bringen, denn die Luken auf den Segelschiffen waren schon aus Gründen der Tragfähigkeit sehr klein gehalten.

Schonerbarken oder Barkentinen gab es nicht gerade häufig in der Ostseeschiffahrt, und so fiel die *Condor* auf, wenn das dreimastige Fahrzeug mit vollgetakeltem Fockmast, während Groß- und Besanmast nur Schratsegel fuhren, an den wesentlich größeren Windjammern vorbeizog.

Die *Condor* war 1864/65 in Memel gezimmert worden. Der im 19. Jahrhundert dominierende Schiffstyp in der Ostsee war die Brigg. Wer es sich leisten konnte, ließ sich in der Mitte des Jahrhunderts eine Bark bauen, denn 1846 waren nach und nach die englischen Kornzölle gefallen, und die preußische Handelsflotte konnte die Getreideausfuhr fast verdoppeln. Die Zahl der Schiffe stieg rasch an, und Reichtum machte sich an der Küste breit. Die Aufhebung der englischen Navigationsakte 1849 und die liberale Freihandelspolitik kamen auch den Ostseeseglern zugute, denn sie konnten ihr Fahrgebiet nun bis nach Amerika ausdehnen.

Bis zur Krise der achtziger Jahre war die Getreide- und Holzausfuhr nach England eine der wichtigsten Frachtrouten für die ostpreußischen Segler. Getreidekaufleute hielten um diese Zeit sehr häufig eine Schiffspart. Und so gehörte auch die *Condor* einer Partenreederei, bestehend aus dem Kaufmann Bubba, dem Flachsbraaker Heinz und dem Schiffskapitän Böse, der aber aus Altersgründen nur noch in den Sommermonaten den Segler führte.

Doch schneller als der Aufstieg vollzog sich der Niedergang der Ostseeflotte. Der Schwerpunkt der nun einsetzenden Großschiffahrt verlagerte sich in die Nordseehäfen. Der größere Kapitalbedarf überstieg die Finanzierungskraft der Werften und der Partenreedereien. Außerdem ging die Getreideausfuhr zurück, auch, weil der Inlandbedarf in den letzten Jahren stark angestiegen war.

Das aber interessierte nur am Rande den Schiffer L. F. Sohn, der die *Condor* in den Wintermonaten befehligte. Er kannte den Segler und seine Eigenschaften gut. Es war ein handiges Schiff und leicht zu führen. Der Steuermann Schönborn aus Memel, der die erste Reise mitmachte, befand sich an Deck und feuerte die Männer unten im Laderaum an, kräftiger und schneller hinzulangen, was ihm Tadel vom Schiffer einbrachte. »Lassen Sie die Leute in Ruhe arbeiten, Steuermann, ich mag das nicht leiden, wenn hier geschrien wird. Wenn einer schreit, dann bin ich das, so weiß dann jeder gleich Bescheid. Das ist ein System, das sich als sehr nützlich erwiesen hat.«

Schönborn, von dem in der Luft hängenden Kohlenstaub geschwärzt, starrte entgeistert dem Schiffer nach, der ruhig über die Gangway an Land ging, um sich offensichtlich den Tiefgang des Schiffes genau zu betrachten. Als er zurückkam, der Steuermann stand immer noch am Lukensüll und wußte nicht mehr, was er tun sollte, sagte er: »Wir sollten besser mit dem Laden aufhören, Steuermann, hier schleicht ein Mr. Plimsoll herum, dieser alte Bierbrauer, der uns sagen will, wie wir unsere Schiffe beladen dürfen. Na, Sie wissen schon, was ich damit meine.«

Steuermann Schönborn nickte und ließ die Männer aus dem Laderaum kommen. Neben der Kajüte stand der Schiffer, hatte eine Flasche billigen Fusel in der Hand und rief über Deck: »Besanschot an!«

Die Leute schielten lüstern nach der Buddel, stellten sich im Halbkreis auf, und das immer wieder gefüllte Spitzgläschen machte die Runde.

Mißtrauisch äugte der Schiffer auf die leerer werdende Flasche, besann sich wohl auch auf seine Sparsamkeit und korkte den Glasbehälter entschlossen zu. »Das mag für heute wohl reichen, sonst seid ihr mir zu duhn zum Arbeiten. Das Deck muß noch gewaschen werden. Warum zum Teufel müssen Kohlen so schwarz sein?«

Das war aber keine Frage, mehr eine Feststellung, und er verschwand auch sofort in seiner Kajüte, während die Männer das Deck wuschen und begannen, den Segler seeklar zu machen.

Am 27. September verließ die *Condor* in den ersten Morgenstunden im Schlepp eines kleinen, furchtbar qualmenden Dampfers den Hafen. Der Wind wehte günstig aus Südwest, und bald standen alle Segel und zogen den Windsack vorwärts. Zufrieden mit sich und der Welt nickte der Alte und sog die frische, würzige Seeluft ein. Er genoß diese Wintermonate in vollen Zügen, in denen er das Schiff führen durfte, und sehnte sich verständlicherweise nach einem Dauerzustand. Doch juckte offenbar dem Partenreeder Böse in jedem Frühjahr das Fell. Ob es wirklich die resolute Ehefrau war, die ihn hinaustrieb, wie in den zahlreichen Kneipen an der Dange beim Kümmel erzählt wurde, blieb ein Geheimnis, das Schiffer Böse wahrte.

Leider hielt sich der gute Wind nicht, und der Schiffer argwöhnte, daß sich Spielkarten an Bord befänden. Eine Untersuchung des Mannschaftslogis verlief ergebnislos, was ihn keineswegs beruhigte, weil er nun den Steuermann in Verdacht hatte, ein Jonas zu sein, der nur schlechten Wind machte. Schönborn stritt das natürlich ab, und so opferte schließlich der Schiffer auf Luvseite einen seiner Seestiefel.

Das erwies sich wohl als zuviel, denn der Wind schlug um und blies nun kräftig aus Südsüdost. Wegen des flachen Fahrwassers – die *Condor* hatte am 30. September Skagen gerundet und befand sich nun in der Nähe der Insel Laesö – ließ der Schiffer nach Osten wenden und nahm Segel weg. Inzwischen hatte sich das Wetter weiter verschlechtert, dicker Regen fegte durch das Rigg und harkte die See auf, und die Lage an Deck verschlechterte sich von Stunde zu Stunde, da kein Feuer mehr auszumachen war. Das Schiff trieb irgendwo im Kattegat, und der Steuermann, der die Hundewache von Mitternacht bis vier Uhr hatte, ließ den Schiffer wecken.

»Klar machen zum Halsen, Steuermann, alle Mann raus und nichts wie rum auf Südwestkurs. Weiß der Teufel, wo wir stecken, aber ich wette mit Ihnen, sagen wir mal um ein Paar Seestiefel, daß er uns das nicht verrät!«

Schönborn achtete nicht weiter auf die Worte und machte sich zusammen mit den anderen an die Arbeit. Es war auch kälter geworden, und in kürzester Zeit waren sie alle bis auf die Haut durchnäßt. Schon fiel das Schiff ab, Segel killten, und Taue schlugen gegen die hölzernen Masten, als das Schiff aufstieß. Nun sahen sie auch die Brandung, in der sie sich befanden, aber immer noch kein Land. Es war eine der vielen Unterwasserklippen. Das Schiff kam noch frei, und es gelang dem Schiffer, es wieder ins tiefe Wasser zu bringen.

Der Schiffer stand wütend an Deck, haderte mit Gott und der

Welt, schob dem Steuermann als Jonas die Schuld in die großen ledernen Seestiefel und befahl ihm, endlich die Pumpen zu besetzen. Als er sich genug beruhigt hatte, um die Lage ernsthaft zu prüfen, entschloß er sich, um allen Verdächtigungen vorzubeugen, den Schiffsrat einzuberufen.

Als der sich, bestehend aus dem Steuermann, zwei Matrosen, dem Hilfskoch und einem Halbmann, am Ruder eingefunden hatte, sagte er: »Da gibt es nicht viel zu überlegen, Männer, entweder wir sehen zu, daß wir in einen Hafen kommen, vielleicht nach Göteborg, oder wir saufen ab. Was also schlagt ihr vor? Nun, Steuermann, sagen Sie auch mal ein Wort und stehen Sie nicht so abgetakelt herum. Also nach Göteborg? Na gut, dann versuchen wir es. Ihr könnt wieder an die Arbeit gehen!«

Er nahm selbst das Ruder, so daß alle Männer an den Pumpen beschäftigt werden konnten, aber der Wasserstand im Schiffsinnern stieg weiter. Es hatte aufgeklart, und die Küste kam in Sicht, schon war deutlich der Lotsenschoner zu sehen, der Kurs auf sie nahm, aber die *Condor* machte nicht mehr mit, sie sackte den Männern unter den Füßen weg.

Am 2. Oktober um acht Uhr stieß sie wieder auf eine Klippe dicht unter Land. Es gelang auch noch, das Schiff höher hinaufzuziehen, so daß der Bug über Wasser, das Achterschiff aber unter Wasser lag. Die übermüdete Mannschaft begab sich in das nächstgelegene Dorf, der Schiffer ins Landesinnere, um einen Bergungsdampfer zu mieten.

Als er zurückkam, hatten Fischer das Inventar der *Condor* unter sich aufgeteilt. So blieb auch dem Agenten des Memeler Schiffsversicherungsvereins nichts übrig, als einer Kondemnierung zuzustimmen und 48 000 Mark Versicherungssumme an die Partenreederei auszuzahlen.

Schiffslegende
Schonerbark *Condor*
Erbaut bei Rudolf Ranisch in Memel 1865
Nummernflagge: Memel 26
Unterscheidungssignal: HBKC
Reeder: Louis Moir Gubba und Partner, Memel (1865–1879), Kapitän August Böse, Memel (1879)

Kapitäne: August Böse, Memel (1865–1866), L. Wichmann (1866–1867), August Böse (1867–1872), L. F. Sohn (1872–1874), August Böse (1874–1875), F. Baschkies, Memel (1875–1876), August Böse (1876–1879), L. F. Sohn (1879)

Es ist anzunehmen, daß Kapitän Böse der Partner des Reeders war.

Ab 1876 war die *Condor* in der Ost- und Nordseefahrt beschäftigt.

1879 Seeverlust

Schlimmer als Kap Hoorn

Die dem Memeler Reeder J. E. Sternberg gehörende große Bark *Alexandrine,* 1864 aus abgelagertem, ausgesuchtem und entsaftetem Eichenholz von tüchtigen ostpreußischen Zimmerleuten gefertigt, verließ unter Führung des Schiffskapitäns C. Rickels am 29. März 1874 die Themse, um nach Quebek zu versegeln.

Rickels gehörte in seiner Art schon zu den Kapitänen, die jetzt heranwuchsen und ihr Wissen weitergaben. Dabei war er energisch, zielbewußt und geradezu gütig. Er besaß Wagemut, wenn solcher gefordert wurde, großes nautisches Wissen und eine vortreffliche Nase, wenn es galt, den Wind aufzuspüren, der sein Schiff weiterziehen sollte. Da die Nachrichtenmittel in damaliger Zeit noch unterentwickelt waren, wuchs mit der Entfernung vom Heimathafen die Selbständigkeit des Kapitäns und damit auch seine Verantwortung. Anforderungen aller Art wurden an ihn gestellt. Er mußte ein hervorragender Seemann sein, Kaufmann, Diplomat, ein guter Handwerker und mitunter ein Sachverständiger.

Dabei hätte das Seemännische genügt, ihm das Leben schwer zu machen, denn man darf nicht vergessen, wie schwierig die Seefahrt damals war: ohne genaue Kenntnisse der Küsten, der Hafenverhältnisse, ohne täglichen Wetterbericht. Einen Tiefwassersegler durch die engen Gewässer des Englischen Kanals bei ungünstigen Windverhältnissen zu bringen, war eine seemännische Meisterleistung der ganzen Besatzung, aber ohne guten Kapitän nicht möglich, denn der Kanal war schlimmer als Kap Hoorn.

Als die *Alexandrine* 1864 zu ihrer ersten großen Reise aufbrach, erschien in der ersten Nummer der »Hansa« ein Beitrag, der sich mit dem Problem eines hydrographischen Instituts beschäftigte. Es heißt in dem Artikel:

»Die neuen Entwicklungen zwingen die Schiffsführer, mit der Wissenschaft fortzuschreiten. Leider besitzen wir in Deutschland keine seemännische Behörde, die sich ex officio mit solchen Sachen befaßt. Das gesamte hydrographische Fach liegt trotz der außerordentlichen Wichtigkeit für Handel und Schiffahrt bei uns noch sehr im argen. Es dürfte wohl an der Zeit sein, daß wir damit beginnen, selbst ein hydrographisches Institut zu schaffen.«

Später gründete von Freeden die Norddeutsche Seewarte. Das

von ihm ins Auge gefaßte praktische Ziel war die Sicherung und Abkürzung der ozeanischen Seewege. Dazu wurden ab 1871 Schiffstagebücher zum Sammeln von Beobachtungen eingerichtet. Bekanntlich überraschte im Krimkrieg 1854 die französische Flotte ein verheerender Sturm. Nachträglich wurde festgestellt, daß man den Weg des Sturmgebiets über Europa hätte verfolgen und damit vor ihm warnen können.

Die Kapitäne mußten mit Segelhandbüchern ausgerüstet werden, die erst noch zu schreiben waren. So erhielt auch Kapitän Rickels ein Fragebuch, in dem er über die Reise nach Quebek berichtete:

»Am 29. März 1874 verließen wir die Themse, hatten aber schon am 13. April, ungefähr 40 Seemeilen westnordwestlich von den Scilly-Inseln entfernt, einen schweren Sturm zu bestehen, bei dem die See die ganze Verschanzung, das Compaßhaus, verschiedene Geräthe und leider auch den Steuermann und einen Jungmann über Bord spülte, so daß ich nach Falmouth zurückkehren mußte.

Vor dem Sturme hatte sich eine schlechtes Wetter anzeigende, dicke schwarze Bank über den ganzen Horizont gelagert, der Wind wehte aus SSW, und das Schiff lag vor dem Beginn des Sturmes über Backbordbug. Das Barometer fiel rasch bis auf 723,9 mm. Während des Sturmes drehte sich der Wind durch West und Nord bis NNO und gewann den Anschein einer Cyclone.

Am 15. April wurden viele Wrackstücke angetroffen und auch ein beladenes, ungefähr 1500 Tonnen großes Schiff, welches auf der Seite lag und anscheinend von der Besatzung verlassen war. Zwei andere Schiffe hielten sich bereits bei demselben auf.

Am 17. April trafen wir in Falmouth ein und verließen es nach bewerkstelligter Reparatur am 9. Mai, um im größten Kreise nach Quebek zu gelangen. Auf dieser Reise mußten noch zwei größere Stürme überstanden werden. Auf 48 Grad Nord-Breite und 48 Grad West-Länge wurden viele Eisberge gesehen. Quebek erreichten wir am 2. Juli.

Auf der Großen, der Green- und St.-Petri-Bank, wurde gelotet und der Grund aus Sand und Muscheln bestehend gefunden. Sobald man sich der Neufundland-Bank näherte, ging die tiefblaue Farbe des Ozeans allmählich in Grün über, auch wurde die Temperatur des Wassers niedriger. Beinahe durch den ganzen Ozean wurde das Schiff von Sturmvögeln begleitet, aber sobald ein

Sturm auftrat, verließen die Vögel das Schiff, und ebenso verloren sich dieselben, sowie das Schiff die Neufundland-Bank erreicht hatte.

Eine Barre ist hier nicht vorhanden, aber viele Untiefen, von denen einige bei Niedrigwasser sogar trocken fallen, ziehen sich bis zum Hafen hin. Vor der grünen Insel (Green Island) kann ein Schiff im St.-Lorenz-Strom allenthalben einen Ankerplatz finden. Bei Quebek sind im Strom 27 bis 37 Met. Wasser, und man kann direkt bis an den Löschplatz heransegeln.

Die Holzstauer sind ziemlich zuverlässig, aber überwacht muß das Stauen doch werden, besonders daß keine verfaulte oder angebrannte Balken verladen werden. Am vorteilhaftesten ist eine Ladung fichtener Balken, denn das Eichenholz ist zu schwer, und die Planken geben ein zu schlechtes Maaß.

Bei etwaiger Desertion von Leuten, welche hier leider sehr häufig stattfindet, erhält man durch den Deutschen Konsul und durch die Hafenpolizei den besten Beistand, um einen Deserteur wieder zu bekommen. Wegen der häufig vorkommenden Diebstähle an Bord von Schiffen ist es notwendig, daß strenge Wache gehalten wird.

Krankheiten kommen jedoch im ganzen selten vor, und das Klima ist mit dem von Nord-Deutschland zu vergleichen.«

Kapitän C. Rickels berichtete noch über andere Dinge, so über das Trinkwasser, das mit eigenen Leuten aus dem St.-Lorenz-Strom entnommen werden konnte, und daß Fleisch nur 10 Cents per Pfund kostete. Selbstverständlich vergaß er nicht zu erwähnen, daß Tauwerk, Teer, Farbe und Petroleum reichlich vorhanden waren, und nannte auch die Preise.

Diese Angaben wurden von der Norddeutschen Seewarte übernommen und gingen ein ins Seehandbuch über Kanada. So leisteten auch ostpreußische Kapitäne ihren nicht unwesentlichen Beitrag zur Sicherung der Seewege und des Überseehandels.

Die *Alexandrine* löschte ihre aus Kohlen bestehende Ladung, und der Kapitän mußte pro Tag sechs Dollar für die transportable Dampfmaschine bezahlen, mit der die Ladung an Land gesetzt wurde. Dann rüstete das Schiff zur Reise nach Europa, und im September glitt es hinaus. Der Wind schwellte die Segel und zog den stämmigen Windjammer vorwärts.

Die *Alexandrine* war ein glückliches Schiff, aber nicht ohne tragische Unfälle, wie sie nun einmal häufig auf See vorkamen. Und nicht immer brachte sie die braven Männer vollzählig von den langen stürmischen Reisen zurück. Mancher Seemann blieb unabgemustert, die wenigen Habseligkeiten wurden vom Schiffer versteigert und fanden neue Besitzer, aber die Seeleute von der gelben Küste, aus Skandinavien und England waren gerne an Bord.

1894 lag sie in Memel an den Pfählen. Die Stürme und die vergangenen Jahre waren an dem Windjammer nicht spurlos vorübergezogen. Die *Alexandrine* hing schon ein bißchen durch und hätte neu gekielt werden müssen, aber das lohnte sich nicht mehr. Ihre Zeit war endgültig vorbei. Einmal in der Woche ruderte der alte Rickels, nun auch schon auf dem Altenteil sitzend, zum Schiff und träumte wohl ein bißchen von den herrlichen Tagen im Passat. 1895 wurde es von Fachleuten abgebrochen. Das Eichenholz war teilweise noch gesund und zum Bau der Fischkutterrümpfe geeignet, die damals auf den Werften als einzige Neubauten entstanden.

Schiffslegende

Bark *Alexandrine*

Erbaut bei Behrend Pieper in Memel

Stapellauf am 8. 12. 1863, nachmittags

Nummernflagge: Memel 3

Unterscheidungssignal: HBJD

Reeder: Otto Jacoby & Konsul Julius Sternberg, Memel (1864–1896), Paul Gampp, Rostock (1896), J. E. Erikson, Finnland (1896–1899)

Kapitäne: L. Rickels, Memel (1864–1896), L. F. Lindenberg (1896), J. E. Eriksson (1897–1899)

Bis 1876 war die Bark in der Europafahrt, ab 1899 in der Großen Küstenfahrt eingesetzt

1895 abgewrackt

Petroleum für Danzig

Heute sind die Tanker wieder so in Verruf geraten wie einst in den Jahren, als die Petroleumverschiffung aus den nordamerikanischen Häfen begann. In Deutschland war es zunächst Hamburg, das im Wettstreit um das neue Frachtgut die Nase vorn hatte. Doch tüchtige Männer an der Weser zogen bald den Hauptstrom des flüssigen Goldes über Geestemünde.

1861 hatte der in Hamburg ansässige Kaufmann Siemers auf gut Glück 16 Faß Petroleum aus Amerika importiert. Das stinkende Zeug war aber in keiner Apotheke abzusetzen. Er mußte erst Lampen besorgen, bevor das Geschäft anzog. Doch noch heute hat der Name Siemers in Hamburg einen guten Klang.

Ab 1870 entwickelte sich das Petroleumgeschäft nach Gewicht, so daß beim Entladen jedes Faß gewogen wurde: eine zeitraubende Angelegenheit. Die Fässer hielten nicht immer den Beanspruchungen auf See stand, und so manches Petroleum fahrende Segelschiff ist verschollen. Als die Einwände der Behörden ausgeräumt waren, konnte in Geestemünde ein Petroleumhafen angelegt werden, und bald liefen die ersten Tankdampfer vom Stapel, Spezialschiffe, aus denen das Petroleum gepumpt werden konnte. Doch noch war es nicht soweit.

Das Vollschiff *Bremen* wurde 1853 bei H. F. Ulrichs in Bremen für die Reederei Ilken & Co. gebaut. In den ersten Jahren fand es Beschäftigung mit der Passage von Auswanderern. Es machte Reisen nach Häfen in Nord- und Mittelamerika. Die Besatzung des Seglers bestand zu dieser Zeit aus 26 bis 28 Seeleuten. Auf der ersten Reise brachte die *Bremen* unter Führung von Kapitän Brenken 418 Auswanderer nach New York. Die Reise verlief gut. Nach 38tägiger Fahrt erreichte das Vollschiff seinen Bestimmungshafen. In wenigen Jahren fuhren allein mit der *Bremen* über 2000 Deutsche nach New Orleans.

Im September 1863 verkaufte Iken das Schiff an den Reeder Gerhard Lange. Acht Jahre segelte es unter der blauweißen Kontorflagge und machte Reisen um Kap Hoorn nach Chile, Indien und Ostasien. Um Besatzung zu sparen, wurde das Vollschiff zu einer Bark umgerüstet.

Nachdem 1859 die ergiebigen Ölfelder in Pennsylvanien gefunden waren, änderte sich die Beleuchtung in der ganzen zivilisier-

Kreuzstenge und Rah kamen von oben.

ten Welt. Die bis dahin mit dem gebräuchlichen Walöl gespeisten Tranküsel hatten ausgedient. Das in großen und billigen Mengen aus Amerika eingeführte Mineralöl verdrängte bald jedes andere Öl, das zu Beleuchtungszwecken verwandt wurde.

In vielen Schiffsladungen in Holzfässer zu rund 180 kg verfrachtet, wurde das »Petroleum« nach europäischen Hafenplätzen gesandt. Viele Reeder nahmen die Gelegenheit wahr, kauften ältere Segelschiffe auf und setzten sie in der Petroleumfahrt ein. Das hatte gute Gründe, denn ausgelaufenes Petroleum machte eine Weiterverwendung des Schiffes beim Transport von hochwertigen Trockengütern so gut wie unmöglich. Das auslaufende Petroleum wurde vom Schiffsholz aufgesogen und nicht wieder freigesetzt. Der Petroleumgestank blieb haften wie ein schlechter Ruf. Andererseits entdeckten die Kapitäne bald, daß freigesetztes Petroleum bei Sturm die Wellen beruhigte. So hatten auch ältere Schiffe bessere Chancen, schlechtes Wetter zu bestehen.

1871 kaufte der Reeder Dultz aus Pillau die Bark *Bremen.* Mit Stückgut und leeren Petroleumfässern an Bord auslaufend und mit einer vollen Ladung Öl von Nordamerika heimkehrend, machte sie etliche glückliche Reisen für den neuen Reeder. Unter Führung von Kapitän A. Lietke war die *Bremen* 1886 in Quebec eingelaufen. Am Tag vor der Abreise verschwand der aus Pillau stammende Schiffsführer auf geheimnisvolle Weise. Er wurde nie wieder gesehen.

Während um diese Zeit so mancher Segler nur noch mit Mühe eine gute Besatzung finden konnte, hatten die Kapitäne der Petroleumklipper damit keine Sorgen. Die Matrosen stammten hauptsächlich aus Stettin, Memel und Danzig und waren froh, ein Schiff zu finden, das nicht lange unterwegs war. Die Reisen waren kurz und dauerten in der Regel drei bis vier Monate. Davon abgesehen war der Proviant etwas frischer als üblich und mußte nicht ständig gekürzt werden, wie das auf Tramps oft genug der Fall war. Aber noch etwas unterschied die Petroleumklipper von ihren Artgenossen: Das hohe Alter der hölzernen Windjammer. Auf manchen Seelenverkäufern kam die Besatzung kaum noch von den Pumpen weg, erscholl der Ruf: »Schiff lenz!« immer seltener. Viele dieser Petroleumsegler blieben auf der Strecke, sie soffen einfach ab, und von den Besatzungen überlebte kein Mensch. So erging es den Seglern *Jupiter, Inca, Adelheid, August, Meta, Catharina, Stella, Columbus* und der Bark *Bremen,* die 1883 nach Königsberg verkauft worden war.

Geführt wurde das Schiff von Kapitän Johann Hoffstädt.

Am 20. November 1888 verließ es mit 16 Mann Besatzung Amerika. In den Laderäumen stapelten sich die Petroleumfässer. Zurück blieb das Feuer vom Leuchtturm Sandy Hook, bis auch das langsam hinter dem Horizont verschwand. Vor der Bark lag nun die offene See, blaues Wasser. Die Kapitäne hatten, je nach Jahreszeit und allgemeiner Wetterlage, die Wahl zwischen drei Möglichkeiten, Kurs auf einen Nordseehafen einzuschlagen.

Die nördliche Route führte an Fair Island vorbei um die Orkney- und Shetland-Inseln herum. Auf der mittleren segelte das Schiff durch den Englischen Kanal auf ziemlich direktem Kurs an den Azoren vorbei, und auf der südlichen wurde in den Nordostpassat gesteuert und ab dort dann westliche Länge gutgemacht.

Jede Route hatte ihre Tücken und ihre Gefahren. Es hing von der Nase des Kapitäns ab, welchen Weg er wählte, auch noch in diesen Jahren, obwohl es nun schon Segelanweisungen gab. Fest steht, daß Kapitän Hoffstädt den Weg um die Orkneys nicht wählte, sondern sich für einen der beiden anderen entschloß. Schiffsführer von Windjammern mußten nicht nur etwas von Navigation und Wetterkunde verstehen, sondern auch von Medizin. Sie hatten oft Gelegenheit, ihre ärztlichen Künste zu erproben, und mancher erwarb mit der Zeit eine ziemliche Geschicklichkeit in der Behandlung von Knochenbrüchen und Wunden. Als Universalheilmittel für innere Krankheiten galt Rhizinusöl. Es wurden zwar später Bordapotheken vorgeschrieben, aber die Achtergäste hielten ebensowenig von diesem neumodischen Kram wie die Leute vor dem Mast.

Der Kapitän wurde einst befragt, wie er sich in der Bordapotheke zurechtfinde, worauf er blinzelte und sagte: »Ick kniep de Oogen dicht, un denn griep ick in den Kasten. Dat is denn dat richtige Middel!«

Nun, Seeleute waren hart im Nehmen. Die Familienväter an Bord freuten sich, denn bald würden sie wieder zu Hause sein. Der Wind trieb die *Bremen* vorwärts, und über der Takelage zog der Sternenhimmel vorbei. Positionslampen gab es noch nicht. Statt dessen stand nachts eine kleine, aus Horn gefertigte Laterne an Deck, die bei Annäherung eines Schiffes gezeigt wurde. Das hatte nichts mit Sparsamkeit zu tun, obwohl dafür die Schipper aus dem Ostseeraum berühmt oder berüchtigt waren.

So vergingen die Nächte und Tage, Wache um Wache. Träge lag die Freiwache auf der Luke, als der Steuermann einen Blick achteraus in das Kielwasser warf, das wie eine silberne Schleppe der Bark wirkte. Eine Rückenflosse.

»Hai beim Schipp!« brüllte er, und sofort war die Freiwache lebendig. Eine Haiangel wurde ausgeworfen, an der ein Salzfleischköder hing. Langsam näherte sich der Hai der Angel, warf sich auf den Rücken und schnappte zu. Die Schwanzflosse ließ sich kein Langreiseschiff entgehen, sie wurde nach alter Tradition an der Klüverbaumnock festgenagelt. Sie sollte dem Schiff Glück bringen.

Das Wetter wurde unhandlicher, die anfangs leichte Bewölkung hatte sich rasch in eine dunkle Wolkenwand verwandelt. Pechschwarz kam sie angefegt.

»All hands an Deck!« schrie der Alte, aber die Freiwache kam nicht schnell genug aus den Kojen. Die Segel flogen davon, die *Bremen* legte sich auf die Seite, krachend kam die Spiere mit den Rahen vom Großmast und zerschlug dabei die Luke. Trümmer häuften sich an Deck und machten es fast unpassierbar. Die Bark trieb in einem Inferno von Wasser und Wind quer zur See und drohte zu kentern.

Eine Welle, die über das Schiff wusch, hatte zwei Mann mitgerissen, die nächste einen davon wieder zurück an Deck geworfen. Er lag nun mit Knochenbrüchen unten und hatte sich im Tauwerk verfangen. Steuermann Rimkus wollte ihn nach oben holen, sprang mit dem Messer in der Hand hinunter, versuchte den Mann zu befreien, aber es gelang ihm nicht. Die *Bremen* war verloren, es gab nur noch eine Möglichkeit, sich zu retten: die beiden großen Boote.

Eins kam heil zu Wasser, ein paar Männer sprangen hinein, sie wurden rasch abgetrieben. Sie versuchten, die Bark rudernd zu erreichen, die nun auf Luvseite lag, aber sie schafften es nicht.

Bald verschwand die Bark in der Dunkelheit. Als die Sonne über die Kimm kletterte, war von der *Bremen* nichts mehr zu sehen. Viel Proviant und Frischwasser war im Boot nicht vorhanden, und die Sonne dörrte bald alle aus. So sehr die Männer auch nach anderen Schiffen Ausschau hielten, jedes in Sicht kommende Segel neue Hoffnung weckte, keins kam nahe und entdeckte sie. So vergingen die Tage, und die Männer im offenen Boot auf dem großen Atlantik verloren das Gefühl für die Zeit, bevor sie alles verloren.

Am 3. Februar 1889 sichtete der Ausgucksmann auf dem heimwärts steuernden Dampfer *Rainbow* der Reederei General Steam Navigation Company zu London auf 20° West und 44° Nord ein treibendes Rettungsboot. Der Schiffer Thomas Watkins änderte den Kurs zehn Grad nach Steuerbord, um sich das scheinbar verlassene Boot näher anzusehen. Um 11 Uhr, so die Tagebucheintragung, hatten sie sich dem Boot auf Rufweite genähert. Doch von den beiden Männern darin gab keiner mehr ein Lebenszeichen. Sie waren tot. Im aufgenommenen Boot befand sich weder Trinkwasser noch Proviant. Wunden an den Armen ließen darauf schließen, daß sie ihr eigenes Blut getrunken hatten. Die Männer wurden nach Seemannsart bestattet, der Kapitän sprach ein paar Worte, und der Dampfer setzte seine Reise fort. Erst in Cardiff konnte anhand einer am Boot befestigten Plakette festgestellt werden, daß es sich um das Rettungsboot der Pillauer Bark *Bremen* handelte, die als verschollen galt.

Die Ungewißheit für die Angehörigen in Pillau, Danzig, Königsberg und Memel war vorbei, nicht aber die Sorge um das tägliche Brot, die jetzt erst richtig begann.

Schiffslegende
Vollschiff *Bremen*
1853 erbaut bei H. F. Ulrichs in Bremen
Reeder: J. F. Ilken & Co., Bremen (1854–1863), Gerhard Lange, Bremen (1863–1871), Fritz Dultz & Partner (1871–1883), Johann H. Meyer, Königsberg (1883–1888)
Kapitäne: D. Brenken; Johann Dannemann u. a. L. E. Halb (1871–1874), A. Liedtke (1874–1886), Johann A. Hoffstädt (1886–1888)
1888 verschollen

Die Flaschenpost

Es war im September 1902. Der größte Segler der Welt, das Fünfmastvollschiff *Preußen,* war vom Stapel gelaufen, als nach einem der zahlreichen Herbststürme, die über die Küste von Cornwall hinweggefegt waren, Kinder des naheliegenden Dorfes Helstam unten am Strand zwischen angetriebenen Holzbalken, Brettern und zerschlagenem Kistenholz eine zugepfropfte Flaschenpost fanden. Neugierig zerschlugen sie die Flasche, konnten aber die Schrift auf dem Zettel nicht entziffern, der sich in der Buddel befand. Ohne zu zögern brachten sie das kleine Schriftstück zum Polizeiposten, der es nach Plymouth weiterleitete. Auch dort bereitete die Schrift Kopfzerbrechen, bis der deutsche Wahlkonsul rein zufällig davon hörte und sich zum Hafenamt begab. Er hatte richtig gedacht, die Nachricht war in Sütterlinbuchstaben abgefaßt und lautete: »*Alpina* sinkt, wir sind in großer Not. 28° West, 32° Nord.«

Sofort wurden Schiffsregister gewälzt, etliche Funksprüche mit Berlin, Hamburg und Bremen ausgetauscht, Schiffsmakler beauftragt, aber der Aufwand wurde nicht belohnt. Es gab kein deutsches Schiff *Alpina.* Offenbar war das Ganze nur ein Schabernack.

Noch in den Jahren 1870 bis 1880 war es üblich gewesen, daß Schiffskapitäne von den hydrographischen Instituten aufgefordert wurden, Flaschen mit Standortbestimmung und Datumsangabe der See anzuvertrauen, damit die Institute über die Meeresströmungen und Geschwindigkeiten einen Überblick erhielten, um nach der Auswertung den Schiffsführern eine schnellere und damit auch sichere Segelroute vorschlagen zu können.

Und so blieb dieser Zettel nur eine Notiz in der Zeitung. Es dauerte weitere zehn Jahre, bis ein Schiffshistoriker, der sich mit seltsamen Flaschenpostbriefen beschäftigte, der Sache gründlich nachging. Er folgerte, daß die Flasche etliche Jahre im Strom der Meere getrieben war, bis sie endlich an der Küste Cornwalls auf den Strand geworfen wurde.

Er mußte weit, bis 1886, in den Annalen und Schiffsregistern zurückblättern, dann hatte er das passende Schiff gefunden, die Pillauer Bark *Alpina* der Reederei Fritz Dultz, die 1883 in die Hände des Kaufmanns J. M. Meyer übergegangen war, der seine

Firma in Königsberg hatte. 1892 übernahm wieder Fritz Dultz die nun stark zusammengeschmolzene Flotte, bis sie zwei Jahre später einging.

Wie schon ein anderes Schiff, dessen Spuren ich nach fast hundert Jahren suchte, hinterließ die *Alpina* über Jahre hinweg ein breites Kielwasser, das keine Zeit löschte. Es ist nicht uninteressant, das Schiff zwei Jahre auf seinen Reisen zu begleiten.

Am 25. Oktober 1881 verließ die *Alpina* Hamburg, segelte in drei Tagen bis Lizard, 200 Seemeilen am Tag, bis zu acht in der Stunde, eine ganz hervorragende Leistung, und erreichte am 12. Dezember 1881 New York, löschte dort die Stückgüter, nahm neue Ladung ein und hievte am 30. Januar 1882 den Anker, um zurück nach Hamburg zu versegeln, das sie am 5. März erreichte. Einen Monat später verließ sie erneut die Elbe in Richtung New York, und wieder rannte die ostpreußische Bark wie ein Clipper in drei Tagen bis Lizard und brauchte bis New York nur 40 Tage! Am 17. Juni verließ die *Alpina* den Hafen und kehrte in ihren Heimathafen zurück. Erst am 20. September flatterte im Mast wieder der ›Blaue Peter‹, die Bark verließ Pillau und erreichte am 29. Oktober Portland. Von dort versegelte sie nach Annapolis, nahm Ladung ein und kehrte am 11. Dezember nach Europa zurück. Schon am 7. Januar 1883 machte sie in Cardiff fest, löschte ihre Ladung, nahm Kohlen ein und verließ am letzten Tag im Februar den Hafen in Wales, um nach Martinique zu segeln. Das Löschen der Ladung dort dauerte lange, und so konnte die *Alpina* erst am 28. Mai nach Europa zurückkehren. Vom 5. Juni 1883 an lag sie bis zum 30. August in der Garonne-Mündung. Nach New York brauchte sie 43 Tage, wieder ein gutes Ergebnis. Mit Getreide beladen verließ die Bark am 6. November den Hafen in der Neuen Welt und erreichte schon am 29. November Lissabon.

Diese Aufzählung mag reichen, um zu verdeutlichen, wo sich ostpreußische Windjammer auf Suche nach Ladung herumtrieben. Die *Alpina* war ein schnelles Schiff und hinterließ mächtige Spuren – bis zum 18. Juni 1886.

An diesem Tag verließ die Bark mit zwölf Mann an Bord den Hafen von Shields, beladen mit Steinkohlen für Rio. Kapitän Nordt stand gelassen auf dem Achterschiff. Er beobachtete sorgfältig den Himmel, die Segel, die nun Stück für Stück gesetzt wurden, und hörte dem Gesang der Leute zu: »O say, were you ever in Rio Grande Town, away to Rio . . .?«

Shantys waren die Arbeitsgesänge der Windjammerleute, keine literarischen Kunstwerke, wie es ja auch die Lieder der Sklaven nicht waren. Die Hütten, vor denen die Neger abends saßen, nannte man drüben »Shanties«. Noch heute bezeichnet der Nordamerikaner den Bewohner einer Blockhütte oder Bretterbude als »Shantyman«.

Dann warf der Schlepper die Leine los und grüßte noch einmal mit der Dampfpfeife zum Abschied.

Unter der Sonne rollte geschmeidig die Dünung. Nordwestlich dicht über der Kimmung schwammen in fahlblauer Luft kleine schwarze Wolken, an den Rändern zerfasert, wie Rauch aus dem Schleppdampfer, der nun längst unter den Horizont getaucht war. Der alte Segelmacher streckte auf der Back stehend plötzlich den hageren Kopf in den Wind und lauschte gespannt in die Ferne. Silbern blitzte ein Ring in seinem rechten Ohr. Der Moses, der eine Pütz Wasser aus der See schlagen wollte, blickte aufmerksam in das faltenreiche Gesicht des langen Ekke. In der Luft lag ein Ton, so weich, daß man unmöglich an böses Wetter denken konnte. Doch der Büdelneiher, so wurden die Segelmacher allgemein genannt, stand reglos da und horchte. Vielleicht verstand er von Wind, Wetter und der See nicht soviel wie der Alte, aber er konnte den Sturm geigen hören, wenn er noch tagelang entfernt war. Dieser Ruf begleitete ihn, und es gab nicht wenige, die ihn einen Spökenkieker nannten. Vielleicht hatte ihn der Alte gefragt, denn er war weise genug, um zu wissen, daß es Dinge gab, die es eigentlich nicht geben konnte. Meister Blau hatte nur stumm in die Ferne gedeutet und gesagt: »Es wird bannig Wind geben, Käptn, viel Wind.«

Dann ging er wohl wieder zurück an seine Arbeit. Nichts aber brauchte ein Segler notwendiger als einen kräftigen Wind. Um ihn beteten abends die Kapitäne, bevor sie ihre Seestiefel abstreiften. Um Wind beteten zu Hause die Reeder, damit das Schiff eine schnelle Reise mache, um Wind beteten aber auch die Frauen, damit die Männer schneller zurückkämen. Wind war ein Zauberwort.

Etmal um Etmal hatte die *Alpina* zurückgelegt, und die Tage waren vergangen wie der Sand, der einst durch die Uhren floß. Irgendwann hatte die Bark die Azoren passiert, und der Passat zog das Schiff weiter. Nur selten fegte ein Orkan über die Einbahnstraße der Windjammer, und einer dieser hier selten auftretenden

Stürme erwischte vielleicht die *Alpina,* die unter Schönwettersegeln dahinzog. Im Nu hingen nur noch Fetzen unter den Rahen, lag das Schiff bald quer zur See und trieb hilflos in der Weite des Ozeans.

Die Wogen zerschlugen die Kombüse an Deck, die Rettungsboote, die Lukendeckel, und dann war nichts mehr da, nur ein Wrack, das den zwölf Seeleuten unter den Füßen wegsackte. Die Pumpen schafften das eingedrungene Wasser nicht mehr, oder die Männer waren einfach am Ende ihrer Kräfte. Einer von ihnen, vielleicht der Obersteuermann, vielleicht auch Kapitän Nordt, hatte noch die Flaschenpost fertiggemacht, nicht, weil er glaubte, Retter würden sie aufgrund dieser Nachricht noch finden. Es war mehr ein letztes Lebenszeichen.

Der Sturm hatte das Wrack aus der Schiffahrtsstraße der Segler geweht, und so wurden sie nicht ausgemacht; die See verschlang das Schiff und die Besatzung, deckte die Untergangsstelle gleichgültig zu und löschte das letzte Kielwasser der *Alpina* aus, als wäre nichts geschehen.

Schiffslegende

Bark *Alpina*

Erbaut 1870/71 bei D. V. Roberts in St. John's

Unterscheidungssignal: HDCV

Reeder: Roberts, St. John's, Neufundland (1871–1874), Fritz Dultz und Partner, Pillau (1874–1883), Johann Meyer und Partner, Königsberg (1883–1886)

Kapitäne: F. Rieck, Königsberg (1874–1881), W. Kemke, Memel (1881), G. Nordt, Königsberg (1882–1886)

1886 Seeverlust

Eine lange Reise

Die Memeler Brigg *Dorothea* war 1868 gebaut worden und gehörte dem in London wohnenden Kaufmann Carl Hoffmann. Seit Jahren führte Kapitän Zessin die Musterrolle an. Die *Dorothea* war ein schmuckes Schiff, leicht gebaut, mit formvollendeten Linien. Kein Wunder, daß die Männer von dem Schiff schwärmten und es in ihren Liedern besangen wie in diesem Augenblick, nachdem die Musterrolle geschlossen war. Die letzte Bauernnacht für lange, lange Zeit brach an. Der Wind, nur als Hauch spürbar, kam von Land und wehte über die Kornfelder Ostpreußens bis an die Kurische Nehrung.

Die Mundhobel des »Hein Fockschoot« – so wurde der Koch gerufen, weil er es war, der beim Wenden die schwere Fockschot loswerfen mußte – klang auf, und leise summten und sangen die auf der Luke sitzenden Seeleute mit:

»In Memel liegt ein Segelschiff im Hafen,
das ist die schöne *Dorothee,*
heut nacht muß die Besatzung auf ihr schlafen,
denn morgen früh sticht sie in See.«

Auf dem Achterdeck hustete Kapitän Zessin und spuckte den Priem weit über die Reling. Die letzte Nacht im Hafen vor einer Reise, von der auch er nicht wußte, wann sie zu Ende sein würde, war immer wieder etwas Besonderes. Und wenn ich hundert Jahre alt werde und noch hundert Reisen mache, ich komme nie davon los, dachte er. Und nicht anders fühlte der Steuermann.

In den Morgenstunden kam der Wind etwas kräftiger durch, und ohne Schlepperhilfe segelte die *Dorothea* aus dem Strom hinaus in die offene See.

Der Proviant war noch frisch, die neu angemusterten Seeleute orientierten sich, versuchten die Schwächen der Achtergäste herauszufinden und sich beim Koch beliebt zu machen, denn auf einer langen Reise war er der wichtigste Mann an Bord. Taugte er nichts, verstand er nicht, aus wenig ein annehmbares Essen zu bereiten, dann herrschte bald Unruhe und Unlust an Bord. Es war für den Koch schwer, alle zufriedenzustellen, denn die den Seeleuten zustehende Menge war in der Musterrolle festgesetzt und von ihnen unterschrieben worden. Von der Qualität stand oft nichts darin, sie konnte auch nicht definiert werden. An Beköstigung erhielt ein Mann:

1 Pfund Rindfleisch oder ¾ Pfund Schweinefleisch oder ½ Pfund Speck, 7 Pfund hartes Brot pro Mann und Woche; 1 Pfund Butter oder, wenn Butter nicht zu beschaffen war, ¼ Pfund Proveneöl und ⅛ Quart Essig event und 1¼ Pfund rohen Zucker. Außerdem erhielt er 7 Loth Kaffee und ebensoviel Cichorien und 1 Loth Thee in der Woche. ½ Quart Erbsen oder ¼ Quart Graupen oder die entsprechenden Quantitäten Sauerkohl, Mehlspeisen oder Kartoffeln. Auch Branntwein stand ihm zu, aber das lag im Ermessen des Schiffers und richtete sich nach der geleisteten Arbeit. »Gott schickt den Proviant – der Teufel schickt die Köche«, schimpften unterwegs die Jan Maaten.

Die *Dorothea* versegelte nach Cardiff, nahm dort eine volle Ladung Steinkohle und verließ am 25. Juni 1876 den Hafen nach Rio de Janeiro. Mit einem stetig wehenden NO-Wind gelangte man in den Passat, der das Schiff bis hinunter auf 12 Grad Nord-Breite brachte. Mallungen und Windstillen beschäftigten die Seeleute, denn hier entschied sich, ob das Schiff eine kurze oder eine lange Reise machen würde. Hier galt es, jeden Zipfel Wind sofort auszunutzen, jeden kleinen Hauch, und das bedeutete ständiges Brassen der Rahen.

Kein Wunder, wenn die Kapitäne schlechte Laune hatten und je nach Charakterveranlagung beteten oder fluchten.

Da Kapitän Zessin infolge des Ausbleibens des erwarteten SW-Monsums schon in den Doldrums sehr weit westlich gekommen war, ließ sich jetzt, nachdem der SO-Passat eingesetzt hatte, voraussehen, daß man die Äquatorlinie sehr weit westlich würde schneiden müssen. Der Kapitän versuchte zwar noch über Backbordbug Länge zu gewinnen, gab es aber wieder auf und passierte schließlich am 4. August die Linie auf 32 Grad West. Am Abend zuvor hatten die Männer aus dem Volkslogis eine Teertonne ausgesetzt und sie angezündet. Bis weit in die Nacht hinein war sie im Kielwasser der Brigg noch auszumachen. Dieser Abend bedeutete den meisten mehr als die dann fällige Äquatortaufe am nächsten Tag. Auf dieser Reise fiel die Zeremonie nur kurz aus, denn allein der Schiffsjunge mußte die würzigen Pillen und Spritzen vom Arzt seiner Majestät Neptun zu sich nehmen. Eine Ein- und Abseifung beim Friseur und kräftiges Untertauchen gehörten ebenso

Schiffsjunge vor der Kombüse

zum festen Bestand des Taufablaufs wie das abendliche große Bordfest.

In der Nähe der Linie wurde der Wind sehr raum angetroffen, und die Insel Fernando de Noronha kam in Sicht. Am 20. August erblickte man das Feuer von Cap Frio, aber erst am 21. ankerte die Brigg im Hafen von Rio, nach einer Reise von 58 Tagen.

21 Tage lag die *Dorothea* in Rio. Der Leichtmatrose Wilhelm Hauff desertierte und wurde nicht mehr gesehen. Die Verlockungen des Landlebens, aber vielleicht auch ein anderes Schiff mit einer besseren Heuer waren schuld. Kein Einzelfall, im Gegenteil. Seeleute waren überall zu Hause und lebten sich schnell ein. Am 13. September wurde die Reise nach Port Elizabeth, Südafrika, angetreten. Die Winde wehten ungünstig und kamen meist aus südöstlicher Richtung. So passierte das Schiff die fast in der Mitte zwischen den Kontinenten liegende Insel Tristan da Cunha, die 1506 von dem gleichnamigen portugiesischen Entdecker gefunden wurde. Die ersten Menschen, die sich auf der Insel niederließen, waren fünf von der schlechten Welt enttäuschte Matrosen mit ihrem Kapitän. Walfänger brachten ihnen später fünf Mädchen aus einem pleitegegangenen Freudenhaus mit. 1961 mußten 264 Eingeborene vorübergehend die Insel verlassen. Ein Vulkanausbruch hatte sie unbewohnbar gemacht.

Nach einer Reise von 30 Tagen verankerte Kapitän Zessin seine *Dorothea* auf der Reede von Port Elizabeth.

Nur zehn Tage dauerte der Aufenthalt, dann wurden erneut die Segel gesetzt und Kurs nach Mauritius abgesteckt, das nach einer Reise von 18 Tagen erreicht wurde.

Am 2. Dezember 1876 drehte sich erneut das Ankerspill. Die Seeleute waren froh, wegzukommen. Der westlich setzende Agulhas-Strom kam hier dem Segler, der gegen stürmische Westwinde und hohe unregelmäßige See anzukämpfen hatte, gut zustatten. Am 22. kam Kap Recife und am 1. Januar 1877 das Kap der Guten Hoffnung in Sicht. Am nächsten Tag ankerte das Schiff in der Tafel-Bai, um Proviant zu ergänzen und kleine Sturmschäden auszubessern.

Mit SSW-Wind setzten sie die Reise am 17. Januar fort. Der nördlich der Linie nur leicht wehende SO-Passat hielt an und ging dann ohne lange Mallung in den NO-Passat über, der ungewöhnlich raum stand, so daß ein sehr nördlicher Kurs gesteuert werden konnte. Am 16. März kreuzte die ostpreußische Brigg vor Lissabon. Die Reise hatte 59 Tage gedauert, und die Männer an Bord freuten sich auf eine Bauernnacht im Hafen, aber bestimmt auch auf die hübschen Mädchen an Land.

Von Lissabon wurde das Schiff nach St. Thomas, Westindien, befrachtet und trat die Reise am 10. April an. Obwohl der Passat so unregelmäßig wie nie wehte, erreichte das Schiff nach 31 Tagen die Insel, die zu Amerika gehörte. Von dort aus ging die Fahrt weiter nach Laguna, Brasilien, wo eine Ladung Blauholz nach England eingenommen werden sollte. Man verließ am 17. Mai St. Thomas und erreichte mit frischem Passat am 21. Mai Morant Point. Dort flaute der Passat ab und erholte sich erst wieder, als man sich von den luvwärts liegenden hohen Bergen Domingos entfernte. Am 26. Mai passierte die Brigg den Kanal von Yukatan und erreichte, längs der Campeche-Bank unter häufigem Loten nach Westen steuernd, am 29. Mai den Ladehafen.

Genau einen Monat später wurde die Reise nach Europa angetreten. Das Schiff kreuzte zunächst mit unbeständigen, leichten östlichen Winden auf der Campeche-Bank nach Norden. Am 14. Juli wurde die Straße von Yukatan erreicht. Leichte nördliche Winde drängten das Schiff nach Osten. Am 22. Juli hatte die Brigg die offene See vor ihrem Bug. Es ging heimwärts, nach Hause. Am 10. August lagen sie fest vertäut an der Pier in Sunderland, nahmen anschließend Kohlen über und legten am 2. September 1877 wieder in Memel an. Ein Jahr und fast vier Monate waren sie von zu Hause fort gewesen. Nun war der Jubel groß, die Freudentränen flossen.

Fünf Jahre später, 1882, wurde die *Dorothea* abgewrackt.

Schiffslegende

Brigg *Dorothea*

Erbaut 1868 bei der Geestemünder Dock-Compagnie

Unterscheidungssignal: QBKC, ab 1873: HBNM

Reeder: J. L. und W. Blay & Co., Bremen (1868–1873), Kapitän R. Reetzke, Memel (1873–1874), Carl Hoffmann & Co., Memel (1874–1882), nach Frankreich verkauft.

Kapitäne: Johann Fangmaryer, Bremen (1870–1873), R. Reetzke (1873–1874), M. Zessin, Stolpmünde (1874–1880), B. Münster (1880–1881), A. Gleich, Stolpmünde (1881–1882)

Abgewrackt 1882

Im Nothafen

Der Dampfer *Pionier* der Königsberger Reederei Robert Kleyenstüber, der in der Linienfahrt nach Stettin eingesetzt war, lag im Haff vor Anker. Der dicke, träge auf der See lastende Herbstnebel verhinderte die Weiterfahrt. In der gemütlich eingerichteten Kammer des Ersten Steuermanns Wiehler saß auf dem Ledersofa der Lotse Gerstenmüller. Vor ihnen dampften die Groggläser. Sie hatten sich viel zu erzählen, die beiden alten Seeleute, von Schiffen, gemeinsamen Bekannten und von den Gefahren, die sie zwar nicht gemeinsam, aber doch so oder so ähnlich bestanden hatten. Natürlich sprachen sie auch über die Prophezeiung des zur Jahrhundertwende anstehenden Weltuntergangs und waren sich einig in der Feststellung, daß sie nicht viel verlieren würden, außer dem Leben natürlich. Sie waren nicht Kapitäne gewesen, um bei günstiger Gelegenheit ein Nebengeschäft zu machen, von dem der Reeder, weit ab zu Hause am warmen Ofen sitzend, nie etwas erfuhr. Auch am Proviant der Leute war für sie als Steuerleute nichts zu gewinnen gewesen. Es war wohl so gegen Mitternacht, als Wiehler sagte: »Weltuntergang? Damals, im November 1891 auf der Memeler Bark *Orion,* auf der Reise von Port of Spain nach Bremerhaven, das wir mit dem Schiff nie erreichten, da glaubte ich, die Welt würde untergehen. Die *Orion* war ja kein junges Schiff mehr, 1866 in Memel gebaut, war sie doch noch ganz gut in Schuß, bis auf die verdammten Kakerlaken. Schipper war Grau, Wilhelm, der Geizkragen. Außerdem war er ein gottesfürchtiger Mann, o ja, beten und sparen, danach lebte er. Ich kam in Lissabon an Bord, der Steuermann vor mir hatte sich aus dem Staub gemacht, wahrscheinlich war er vor den Kakerlaken geflohen.

Auf der ersten Reise holten wir eine Ladung Guano, ausgerechnet Guano! Zwei Monate lagen wir am Ende der Welt, und eine Horde von Halunken, Dagos und ausgerissenen Sträflingen haben das Zeug in die Säcke gefüllt. Unsere Leute haben den Pudding getrimmt, denn die Säcke wurden an Bord gehievt und über der Luke hängend dann aufgeschnitten. Der ganze getrocknete Vogelmist fiel als Staubwolke nach unten. Von dem Ammoniak bluteten unseren Leuten bald Nasen und Ohren, aber auch die Taue und Segel wurden angegriffen. Abschlagen konnten wir sie nicht, weil wir auf offener Reede lagen.

Die zweite Reise machte ich mit ihr von Port of Spain aus. Viel Proviant hatte der alte Geizkragen nicht eingekauft. Entweder wir machten eine schnelle Reise, oder wir mußten unterwegs wieder einen Dampfer anhalten und um Proviant betteln. Ich glaube, die Kollegen auf den eisernen Dampfschiffen fühlten sich uns gegenüber irgendwie schuldig, anders kann ich mir ihr Entgegenkommen nicht erklären. Kaum sahen sie ein paar Segel, drehten sie schon darauf zu, um nach dem Rechten zu sehen. Mit Gottes Hilfe und dem guten frischen Proviant der Dampfermatrosen ging es über den Atlantik.«

»Ja«, erzählte Wiehler weiter, »die *Orion* hatte Glück, eine Bö kam, und wir konnten nach draußen anlegen. Als es für die alte Dame mal zu sehr auffrischte, nahmen wir ihr ein paar Segel fort. Draußen heulte ein steifer Wind, der die See aufpeitschte und Gischt über das Deck warf. Wir hatten zwölf Mann an Bord, die brauchten wir auch, da war kein Mann zuviel.

Als die Nacht einbrach, begann es zu regnen. Es war auch frischer geworden, der Wind jaulte wie ein hungriger Hund um die Pardunen und vollführte einen Lärm wie ein Brummkreisel auf dem Jahrmarkt. Wir nahmen Großklüver und Bagien weg und begannen mit dem Aufgeien des Großbramsegels, doch wir schafften es nicht mehr. Im Nu hing das Segel zerrissen und flatterte wie verrückt herum. Immer stärker brüllte der Sturm, noch lauter aber waren die Donnerschläge der zerrissenen Segel. Unser Schiff lag hart über, und das Lee-Schanzkleid rauschte durchs Wasser.

Wir waren mit allen Leuten oben und lagen bäuchlings auf den Rahen, die Hände in das Segeltuch verkrallt. Der Wind zog dich fast aus dem Ölzeug, und der einsetzende Regen war hart wie Hagelkörner. Tief unten nahm ich die dunklen Umrisse der Bark wahr. Voraus lag nichts als die See, dunkel wie ein Höllenloch.

So ging das zwei, drei Tage. See von achtern, die uns schob, hob und über uns zusammenbrach. Bald war nichts mehr an Deck heil, und wir kamen von den beiden Pumpen nicht mehr weg. Gegen Mittag berief der Alte den Schiffsrat ein.

Leute, sagte er, es hat wenig Sinn. Wir sollten versuchen, nach St. Thomas zu kommen. Vielleicht schaffen wir es, laßt uns beten. Und tatsächlich, er betete auf dem Deck stehend und rief Gott um Hilfe und guten Wind an, während wir bis zum Bauch im Wasser standen. Die Welt ging unter, und er betete um günstigen Wind.

Im Morgengrauen kam der Halbmann Herold von oben. Keiner sah, wie und warum es geschah. Er lag an Deck und war tot, nicht sofort, er starb neben uns, still wie er gelebt hatte. Er gehörte zu meiner Wache, ich kannte ihn wie einen Bruder. Das war gestern gewesen, eine Ewigkeit her. Die Männer an den Pumpen ließen die Kurbeln los und standen frierend um ihn herum. Er sah so friedlich aus, als ob er schliefe.

Am nächsten Tag bereiteten wir die Bestattung vor, der Segelmacher nähte ihn ein und begann am Fußende. Als die Naht den Kopf erreichte, ließ er stumm die Nadel sinken und ging hinaus. Der Alte nähte weiter, ruhig und sicher zog er die Naht über das junge Gesicht.

Traurig stöhnte der Wind im Rigg, als wir ihn an die Reling trugen. Immer noch wusch die See über die Schanzung, und alles mußte schnell gehen. Trotzdem hatte sich der Alte ein sauberes weißes Hemd und den guten Anzug angezogen. Wir braßten die Rahen back, und der Rudergänger glaste die Wache aus. Der Wind hatte sich etwas gelegt, das Takelwerk seufzte unter dem Druck. Wir standen barhäuptig herum, unser Schipper wirkte in seinem guten Anzug wie ein Fremdkörper unter uns. Die Bahre war mit der preußischen Flagge geschmückt. Der Schipper las ein Gebet aus der Bibel vor, dann hielt er eine Rede und sprach nach schwedischer Sitte den Toten mit Namen an: »Walter Herold, wir sind hier zusammengetreten, um Abschied von dir zu nehmen. Du kehrst heim, und ich bin sicher, daß du aufgenommen wirst, denn du brauchst dich nicht zu schämen. Du hast dich auf See bewährt; haben wir das auch, werden wir dir nachfolgen. Deine Wache ist zu Ende!«

Als wir die Lukendeckel anhoben und die Leiche im Meer verschwunden war, hatte sich um uns herum alles verändert, ich auch, denn ich nahm mir vor, nie wieder einen Windjammer zu betreten, sondern mir einen gemütlichen Dampfer auszusuchen. Das habe ich dann ja auch gemacht.«

»Was ist aus der *Orion* geworden?« fragte der Lotse.

»Wir haben tatsächlich St. Thomas erreicht, dank des Alten und seiner ständigen Gebete. Die *Orion* hatte zwar den Sturm überstanden, war aber so beschädigt worden, daß sich eine Reparatur nicht mehr lohnte. Sie wurde dort sang- und klanglos abgewrackt.«

Schiffslegende

Bark *Orion*

Erbaut 1866 bei Behrend Pieper in Memel

Nummernflagge: 102

Unterscheidungssignal: HBKG

Länge 42 m, Breite 9,33 m, Tiefgang 5,60 m

Reeder: Actien-Verein, Memel (1866–1884), J. G. Schultz, Memel (1884–1885), F. W. Ogilvie, Memel (1885–1887), Bankier Leopold Alexander, Memel (1887–1891)

Kapitäne: O. Weiß (1866–1870), Theodor Fütterer (1870–1876), W. Grau, Memel (1876–1878), W. Stange, Memel (1878–1885), Johann Friedrich Grünberg, geboren 17. 1. 1836 in Memel, tödlich verunglückt am 4. 8. 1890 (1888–1890), J. Lindenstrauß, Memel (1890–1891)

Besatzung: 1870 – 14 Mann, 1891 – 12 Mann

Abgewrackt 1891

Der Myrtenbaum

Die Brigg *Melea,* 1841 aus bestem Eichenholz in Memel gezimmert, verließ am 19. Oktober 1850 die Elbe. Die Kaufleute Frentzel, Beyme und Co. hatten ihr Schiff seit zwei Jahren nicht mehr zu Gesicht bekommen, nur Briefe und Abrechnungen des Kapitäns, denn der 1848 um Schleswig und Holstein entstandene Streit zwischen Dänemark und dem Deutschen Bund legte die Schifffahrt an der Ostsee lahm. Der Deutsche Bund hatte keine Flotte, und so mußte Preußen im August um einen siebenmonatigen Waffenstillstand nachsuchen.

Das alles aber interessierte weder den Kapitän der Brigg noch die Passagiere, wenn auch aus verschiedenen Gründen. Den Kapitän, weil er gewohnt war, selbständig Handel zu treiben, und seine Freiheit liebte, die Passagiere, weil sie auswanderten. Ursache für diese starke Auswanderungswelle waren die großen Mißernten von 1846 und natürlich die Folgen der 48er Revolution und der sich ihr anschließenden Reaktion. In diesem Jahr sollten fast 80 000 Deutsche ihr Land verlassen. Eine von ihnen war die neunundzwanzigjährige Theresia Venus aus Niederroßla, die dem Ruf ihres Jugendfreundes nach Brasilien folgte, dem Arzt Reinhold Teuscher.

Das Tagebuch ihrer Schiffsreise blieb über die Wirren zweier Kriege hinweg wie durch ein Wunder erhalten. Ihre Sorge um den mitgenommenen Myrtenbaum zieht sich als roter Faden durch die aufschlußreichen Aufzeichnungen über das Leben und Treiben an Bord eines ostpreußischen Windjammers.

Das Tagebuch beginnt am 19. Oktober mit folgender Eintragung:

»Ich freue mich, eine Seereise zu machen. Ich werde – Gott, lerne mich mein Glück begreifen – meinen Reinhold wiedersehen und mein nennen. Wird er den Reichtum von Liebe verstehen? Hinweg, dunkle Gedanken, so grausig wie das Wetter, was da tost und tobt.

26. Oktober. Die fehlenden Tage war ich durch Krankheit abgehalten zu schreiben. Einen Seesturm habe ich erlebt, jetzt aber sind wir schon mit günstigem Wind im Kanal. Diese Nacht hat das Schiff 40 Meilen zurückgelegt.

Steuermann Wiegand beeifert sich, für meinen Myrtenbaum zu sorgen. Rührend auch des alten Kapitäns Fürsorge, als ich seekrank war. In diesem Augenblick werden die Ankerketten heraufgenommen. Diese Anstalten erschrecken mich ein wenig. Seekrank ist eigentümlich, man ist von einem völligen Stumpfsinn befallen. Das Kettenrasseln macht mich wirklich furchtsam. Man denkt über sein Schicksal nach und befiehlt Gott seine Seele.

27. Oktober. Es ist heute Sonntag, und die gute alte *Melea* hat einen guten Lauf und einen guten Kapitän. Er will es zwar seinem Glück zuschreiben, daß wir in einer Stunde vier Meilen zurücklegten, aber sicher ist es mehr. Sage ich ihm etwas Nettes, so antwortet er stets: ›Sie will ja auch Weihnachten in Rio sein und Hochzeit machen.‹ Klage ich über das Schaukeln, sagt er: ›Sunst könnt Se nicht tu Wihnachten in Rio sein!‹

Dann naht sich ein Schiff unter Notsegel, ein Boot wird drüben ausgesetzt. Es fehlt ihnen an Brot, denn sie haben die Mannschaft eines untergegangenen Schiffes an Bord. Wie ist das schrecklich!

Der Tisch ist reichlich und gut gedeckt. Zum Kaffee gibt es jetzt, da keine Milch mehr vorhanden ist, mit Zucker eingekochte Sahne, die in Flaschen verwahrt wird.

29. Oktober. Zwei schreckliche Nächte haben wir erlebt, und der Seesturm machte mich seekrank, die Nacht ängstlich. Die Wellen schlagen mächtig über Bord.

31. Oktober. Heute ist Reformationsfest. Die Zeit vergeht schnell, und doch haben wir noch über 1000 Meilen zurückzulegen. Der Kapitän sieht ordentlich stolz aus. Er kam heute schon ganz früh vor meine Kammertür, um mir Pillen zu bringen.

Heute haben wir endlich von den so gefürchteten gelben Erbsen gegessen, es war aber nur eine Suppe und so fein, wie man sie für Gäste kocht. Bohnen sind nur zum Kartenspiel verwendet worden.

Das Meer liegt still und friedlich da. Sein Aussehen ist ganz wie mein Brautkleid. Ich kann das nicht ohne Rührung betrachten und sehe dabei immer den Myrtenbaum, den ich jetzt schon oft in die Sonne trage. Eigentümlich ist es, daß im Kanal das Wasser hellgrün aussah wie das neue Grün in seidenen Stoffen und in der Nordsee dunkelgrün wie Gras.

Oft bangt mir vor dem Ende der Reise.

Abends brachte der Kapitän seinen Spielkasten aufs Deck, und wir haben auf seinem Schiff vier Tänze getanzt.

6. November. Es wäre schön, wenn ich ein bißchen in die Zukunft schauen könnte. Mein Myrtenbaum fängt an und treibt schönes, frisches Grün und sieht reizend aus. Ich habe ihn ohne Aberglauben mitgenommen, würde ich behaupten, wenn er einginge. Der Kapitän hat Arbeit für mich. Ich soll neun Seekarten mit Band einfassen, er weiß mich immer zu beschäftigen. Ihm ist heute wieder eine Mütze über Bord gefallen, doch er grämt sich nicht viel darum und setzt eine andere auf. Wir leben hier alle zusammen ganz geschwisterlich und verträglich. Nicht nur die Myrte blüht, sondern auch Petersilie, Sellerie und Bohnenkraut wachsen, daß man zusehen könnte.

Neulich hat der Alte eine Hose gewaschen und sie auf eine Leine zum Trocknen aufgehängt. Eine Hose mit einem Bein.

Gestern gab es ein gutes Essen: Stockfischpastete mit Petersilie, in viel Butter gebacken. Der Kapitän kocht oft und bereitet viel im Waschbecken vor. Wenn ich das nur nicht immer sehen müßte, daß es einem den Appetit nicht verdürbe.

13. November. Man verzieht mich hier an Bord. Mein Reinhold wird seine liebe Not mit mir haben, ehe ich wieder artig bin.

Gestern habe ich mich bequemt, Schiffszwieback zu essen, das Brot ist zu schwarz. Hier heißt der Zwieback einfach Köks. Um ihn zu erweichen, gießt man heißen Tee darüber. Merkwürdig ist, daß keine Fische zu sehen sind, glaubte ich doch, das Meer lebte davon. Es regnet viel, und unsere Segel hängen schlaff in ihren Tauen. An meinem Myrtenbaum ist jeder Zweig einen Finger lang gewachsen. Er wird auch gepflegt und herumgetragen. Alle reißen sich um die Ehre, etwas dafür tun zu dürfen.

Nie werde ich den Anblick des Himmels an diesem Abend vergessen. Auf der letzten Grundfarbe zitterten Wolken von einer braunen Schattierung, wie man sie in Wolle nicht schöner haben kann. An solchen Abenden wird mir das Herz ganz weit.

Die Befürchtung meiner lieben Mutter, daß ich mir den Magen verderben werde, ist bisher unbegründet geblieben. Mir schmeckt die nahrhafte Kost sehr, und ich merke ein starkes Zunehmen der Kräfte und des Körperbaues.

Der Kapitän hat ein Plätteisen an Bord. Immer bin ich bloß in Röcke gekleidet. Sonntag rosa, Woche dunkelrot. Zwar habe ich auf dem Rücken einen Teerfleck, aber das schadet nichts. Abends haben wir oft ein recht gutes Essen. Die Kartoffeln werden klein wie zu Salat geschnitten, mit Zwiebeln und allerhand kleingeschnittenem Fleisch in Butter gedämpft. Es heißt Lappsgruß.

21. November. Gestern habe ich etwas erlebt, was selbst den Seemann nicht kaltblütig läßt – ein Gewitter! Der Donner überdröhnte das heftige Brausen der See und der Segel, denn ein Sturm geht jedem kleinen Regenguß voran. Zwei Stunden dauerte die Angstzeit. Die Sicherheit, womit alles an Bord geleitet wird, gibt einem doch eine selige Ruhe. Der Kapitän hat schon wieder eine Mütze verloren.

Wir nähern uns wohl dem Ziel, denn es wird alles so schön gestrichen und geputzt und gewaschen. Ich höre auch viel von Stephanus' Taufe sprechen. Auf dem Meer sieht man recht deutlich, daß die Erde rund ist. Ich erbat mir einen Tisch an Deck, und sofort wurde mir einer gezimmert. Als er fertig war, sagte der Kapitän zu mir: ›Er ist diesem Fräulein hier zum Hausrat!‹

Am Sonnabend wurde ein Schwein geschlachtet. Es wog 30 Pfund. Mein Rock hängt zum Trocknen an der Großrah, ich mußte ihn auswaschen. An Deck laufen jetzt immer die Hühner herum, und pathetisch stolziert der Hahn hinterher.

27. November. Gestern passierten wir die vielbesprochene Sonnenlinie. Um die Mittagszeit hatte niemand einen Schatten. Wir haben guten Wind und werden bald in Rio sein.

Ich bat den Kapitän, eine Neptunstaufe zu erlauben, aber er hatte keine rechten Ohren für meinen Wunsch.

Im Schiffsraum sind Ratten, und es ist so heiß, ich wollte, nun wäre ich schon an Land. Wie stolz war ich immer in dem Gedanken, nie das Joch des Ehestandes tragen zu wollen. Jetzt habe ich noch diese Seereise. Davon lebt ein anderer Mensch sein ganzes Leben. Wenn Reinhold nur kein Despot gegen mich wird.

Endlich ist jetzt das berühmte südliche Sternbild, das Kreuz, zu sehen. In drei Tagen können wir in Rio sein.

Der Kapitän behauptet immer, ich sei ein vollkommener Seemann geworden. Unser Trinkwasser gleicht an Farbe dem Bier, da muß man nicht hinsehen.

5. Dezember. Eigentlich müßten alle seidene Sachen in Blechkästen mitgenommen werden. Die *Melea* läuft gut, wir sind nur noch 40 Meilen von Land entfernt, und der erste brasilianische Schmetterling verirrte sich an Bord unseres Schiffes, aber welch peinliche Unruhe.

›Land!‹ riefen die Glücklichen, ›Land!‹ Die neue Welt liegt

vor uns. Schon rasseln wieder die Ankerketten wie damals bei der Ausfahrt. Wir sind in Rio, und immer noch grünt mein Myrtenbaum!«

Soweit das Tagebuch. Theresia Venus heiratete am 28. Dezember ihren Reinhold. Die Teuschers kehrten 1865 nach Deutschland zurück, mit sechs Kindern.

Die Brigg *Melea* unter Führung von Kapitän Loyda sank auf der Reise von Sunderland nach Memel am 16. November 1879 zwei Meilen nordöstlich vom Leuchtturm Horst an der pommerschen Küste.

Schiffslegende

Brigg *Melea*

Gebaut 1841 auf der Werft von Behrend Pieper in Memel aus Eichenholz für die Kaufleute Frentzel, Beyme und Co.

Kapitän Heinrich Loyda.

1879 Seeverlust vor der pommerschen Küste

Der abergläubische Kapitän

Die Pillauer Werft Otto Becker erhielt 1866 einen Schiffbauauftrag über einen Dreimastschoner. Der Platz, an dem Schiffe in Pillau gebaut wurden, befand sich bis 1817 auf der Holzwiese am hinteren Ende des »Grabens«. Da die Stadt sich ausbreitete und die Häuser näher an die Schiffbaustelle rückten, verlegte man aus Sicherheitsgründen den Betrieb an den nördlich des Grabens befindlichen Kai. Hier baute Otto Becker u. a. den Schoner *Juno* für die Reederei Grunau in Stolp, 1863 die 590 t große Bark *Pillau* für F. Dultz und ein Jahr später die Brigg *Gitana* für C. H. Scherbring in Memel. Dann mußte die Werft erneut verlegt werden, um Platz für die Eisenbahn zu schaffen. 1866, also 13 Jahre nach Inbetriebnahme der ersten Bahnlinie in Ostpreußen, die nun von Marienburg bis Königsberg reichte, erhielt Pillau einen Anschluß an das bestehende Bahnnetz.

Die Werft des Schiffbaumeisters Otto Becker wurde bei Alt-Pillau am Hinterhafen angesiedelt. Auf dieser ›Baustelle‹ entstand 1866 die Bark *Helios* für Dultz, die 1878 nach einer Kollision auf der Neufundlandbank unterging. Im selben Jahr, also 1866, lief auch ein von F. Dultz bestellter Dreimastschoner vom Stapel und wurde auf den Namen *Kronprinz von Preußen* getauft.

Dultz war der größte Reeder in Ostpreußen, mit F. Laeisz in Hamburg vergleichbar, von dem er 1870 die Bark *Pudel* erwarb. Als Dultz vor 1830 seine Reederei gründete, hatte Preußen gerade begonnen, Steuerleute und Schiffer auf Navigationsschulen nach einheitlichen Richtlinien auszubilden.

In der richtigen Erkenntnis, daß der seemännische Teil der Bevölkerung diejenige Ausbildung erhalten müsse, die ihn befähigte, den Ansprüchen des Handels zu genügen, wurde 1817 die Königliche Navigationsschule in Danzig eröffnet. Da der innere Ausbau des dafür bestimmten Gebäudes, der Jakobskirche, in der die Königliche Navigationsschule und die Stadtbibliothek Platz finden sollten, noch nicht vollendet war, wurde der Unterricht in der Wohnung des ersten Direktors der Anstalt, Professor Dr. Tobiesen aus Altona, erteilt. Die Leistungen der Schule erfreuten sich bald lebhafter Anerkennung. 1832 genehmigte der König, daß Schiffsführer zum einjährigen freiwilligen Dienst im Heer zuzulassen seien.

Im Sommer war die Anstalt geschlossen, und die Seeleute gingen ihrem Gewerbe nach. Inzwischen hatte der Staat auch in Memel, Pillau, Stettin und Stralsund Navigationsschulen errichtet, die aber zunächst nur Steuerleute ausbildeten. 1833 begann die trigonometrische Landesvermessung, zu der die Danziger Navigationsschule herangezogen wurde. Zu diesem Zweck wurde das Steinschiff *Danzig* ausgerüstet, mit der Küstenaufnahme von Danzig bis Pillau beauftragt und im nächsten Jahr der Schoner *Elisabeth* gemietet. Nach fünf Jahren angestrengter Tätigkeit war die Arbeit vollendet, deren Ergebnis »Preußens Seeatlas« war.

Als Kapitän H. Klein, der Schiffsführer des Schoners *Kronprinz von Preußen,* 1897 die Prüfung ablegte, nahmen die Navigationsschulen auch solche Schüler auf, die sich zu Seedampfmaschinisten ausbilden wollten und auf der Schule den mathematischen Teil der Ausbildung erhielten. Die »echten« Seeleute rümpften geringschätzig die Nasen und blieben unter sich. Noch hatte der Dampfer ohne Segel keine Chance auf See. Der Wind kostete kein Geld, und die Tragfähigkeit des Schiffes blieb der Ladung erhalten und wurde nicht durch die Kohlenmenge eingeschränkt, die zur Feuerung mitgenommen werden mußte.

Doch die besten Schulen, die gutgemeinten Aufklärungsschriften und der Zeitenwandel hatten es nicht fertiggebracht, den Aberglauben auszurotten. Der Schiffer Klein auf der *Kronprinz von Preußen,* Herr über sieben Mann, hätte glatt geleugnet, wenn man ihm Aberglauben vorgeworfen hätte.

Ende August 1885 lief die schmucke *Kronprinz von Preußen* aus Santos, dem Hafen von São Paulo, aus. Im Laderaum stapelten sich die Kaffeesäcke, bestimmt für einen Händler in Lissabon. Schnell waren Klüver, Stag- und Gaffelsegel gesetzt, der Schoner legte sich auf die Seite und preschte durch die See. Der Alte hatte einen östlichen Kurs abgesetzt, um rasch in den Passat zu gelangen.

Die siebenköpfige Besatzung wurde durch einen schwarzen Kater ergänzt, der die meiste Zeit faul in der Kombüse herumlag und nicht im Traum daran dachte, Ratten zu fangen, die auch keine Furcht vor ihm zeigten. Dazu war er nicht an Bord, er ergänzte nämlich die Besatzung um den Meteorologen. Katzen können auch Unglück bringen, und es hat Beispiele genug gegeben, in denen sie mitschuldig am Untergang eines Schiffes waren. Das wußte natürlich auch der Schiffer Klein. Er war ja nicht aber-

Der Klabautermann ist an Bord!

gläubisch, brauchte aber die Katze, um an ihrem Verhalten das bevorstehende Wetter ablesen zu können. Denn es war bekannt, daß es gutes Wetter gab, wenn sie sich über beide Ohren putzte, und schlechtes, wenn nur über eins. Ja, sogar von welcher Seite der Wind kommen würde, ließ sich daran ableiten.

Die Katze putzte sich an diesem Morgen über beide Ohren, und der Schiffer war zufrieden, als er das Deck betrat, um sich blickte und See und Wolkenbildung in Augenschein nahm. Eine volle Brise hatte die Schonersegel gefüllt, das Kielwasser lag weiß in der tiefblauen See. Die Blöcke knarrten, und der Wind fing sich an den Stagen und Pardunen. Schiffer Klein horchte auf und sah sich erstaunt um. Der Mann am Ruder hatte gepfiffen! Der wußte nicht, was er tat, auf seinem Schiff einfach zu pfeifen! Rasch griff er nach seinem Holzlatschen und warf ihn nach dem am Ruder stehenden Halbmann, der sich geschickt duckte, so daß der Holzlatschen über ihn hinweg in die See fiel und wie ein Korken im Kielwasser tanzte.

Wütend schrie Klein den schmächtigen Halbmann an und machte ihn für alle weiteren Vorkommnisse verantwortlich, die sich im Verlauf dieser Reise noch einstellen würden. Er dachte dabei an Gegenwind, Flaute, Sturm, Nebel, zerrissene Segel und ähnliche Unannehmlichkeiten. Seine pommerschen Landsleute konnten sogar die Windrichtung beeinflussen. Es genügte, einen Besen so ins offene Feuer zu werfen, daß der Stiel in die Richtung zeigte, aus der Wind kommen sollte.

Mit Pommern aber konnte Schiffer Klein keine Verbindung aufnehmen, denn erst 1896 meldete der Italiener Guglielmo Marconi sein Patent auf dem Gebiet der drahtlosen Telegraphie an. Zuerst waren es die englischen großen Passagierschiffe, die um die Wende zum 20. Jahrhundert die drahtlose Telegraphie benutzten. Die erste Funkeinrichtung auf einem deutschen Schiff erhielt 1900 der Schnelldampfer *Kaiser Wilhelm der Große*. Die Monopolstellung von Marconi zerbrach, als die Marconi-Station auf Borkum ein Telegramm Kaiser Wilhelms II. nicht weiterleitete, der sich 1905 auf einer Kreuzfahrt an Bord des Hapag-Dampfers *Hamburg* im Mittelmeer aufhielt, der eine Telefunken-Station besaß. So entstand 1907 die Seefunkstation Norddeich-Radio.

Und nun hatte der Leichtmatrose – oder auch Halbmann genannt – bei bestem Wind gedankenlos gepfiffen! Es war bei Schiffer Klein nach Rücksprache durchaus erlaubt, nach Wind zu pfeifen, vorausgesetzt, der Kater putzte sich über beide Ohren bei Windstille. Alles hatte schließlich seine Regeln. Doch der Wind blieb, wie er war, änderte in den nächsten Tagen weder seine Stärke noch die Richtung. Die *Kronprinz von Preußen* erreichte den Passat, der sie stetig nach Norden zog.

Auf der Höhe von St. Paul's Rock, diesem schwarzen, im Meer liegenden Felsen, war der Kater Mohr plötzlich verschwunden. Es war kein Wunder, daß der Leichtmatrose verdächtigt wurde, ihn über Bord geworfen zu haben. Auf Mord an einer Katze bei bestem Wind folgt unweigerlich Sturm. Dieser Leichtmatrose – natürlich kam er aus Finnland – war also ein Jonas, ein Unglücksbringer. Klein hatte es geahnt. Als dann doch kein Sturm über die See fegte, wuchs lediglich seine Besorgnis. Er wich kaum noch von der Seite des Verdächtigen, ahnte und fürchtete noch Schlimmeres als Sturm.

Die *Kronprinz von Preußen* lief weiter unbeirrt und machte Etmal um Etmal gut, bis Kap Roca passiert war und die Mündung des Tejo vor dem Klüverbaum lag. Die Aufmerksamkeit des Schiffers ließ nach, die Gefahr war wohl gebannt. Dann flaute der Wind ab, urplötzlich, die Strömung erfaßte den Schoner und trieb ihn unaufhaltsam auf die Barre. Erst dann briste es wieder auf, und der Wind wuchs zum Sturm. Die schmucke, schöne *Kronprinz von Preußen* wehrte sich lange, doch vergeblich. Die See zerschlug das Schiff. Die Männer an Bord wurden alle gerettet, auch der finnische Leichtmatrose, aber kaum waren sie an Land, verließ er seine Kameraden und wurde nie wieder gesehen.

Schiffer Klein war nicht abergläubisch. Aber für ihn war der Finne ein Unglücksbringer, ein Jonas, vor dem sich jedes Schiff hüten mußte.

Der Anfang vom Ende

Die Segelschiffahrt hatte um die Mitte der sechziger Jahre des vorigen Jahrhunderts ihre höchste Blüte erreicht. Dann begann sich der Wettbewerb der Dampfer je länger desto fühlbarer bemerkbar zu machen. Hatte dies anfänglich nur im europäischen Verkehr und dann auch im Verkehr mit der amerikanischen Ostküste gegolten, so bahnte die 1869 erfolgte Eröffnung des Suezkanals den Dampfern jetzt auch den Weg zum fernen Osten. Wahrscheinlich hätte sich der Abstieg der Segelschiffahrt noch viel schneller vollzogen, wenn nicht ungefähr gleichzeitig die Ausfuhr von Petroleum aus Amerika ihren Anfang genommen hätte, die sowohl durch die Beförderung der vollen als auch durch den Rücktransport der leeren Fässer für lange Zeit ein ausschließliches Betätigungsfeld für die Segelschiffahrt bildete. Geblieben waren den großen Windjammern Massentransporte über weite Entfernungen, bei denen es nicht auf schnelle Beförderung, sondern vielmehr auf billige Frachten ankam. So vollzog sich der Rückgang der Segelschiffahrt nur allmählich und machte sogar in der Mitte der achtziger Jahre halt. Die Schiffsanzahl stagnierte zwar, aber die neuen großen Windjammer, die das Bild in den Häfen bestimmten, waren aus Eisen und wesentlich größer.

1885 waren in Ostpreußen nur noch 58 Segler beheimatet, aber schon 13 Dampfer. In den Jahren, in denen die Amerikaner den Handel mit ihren schnellen Seglern auf den Weltmeeren beherrscht hatten, versuchten die Engländer, mit dem Bau billiger Schiffe zurückzuschlagen. Da es ihnen an Holz mangelte, versuchten sie, es durch Eisen zu ersetzen. Ausgerechnet ein Schiffszimmermann vom Ufer des Clyde hatte, als er 1820 einen Kessel auf dem Wasser schwimmen sah, die Idee, ein kleines Boot aus Metall zu bauen. Damals gab es ein großes Gelächter, doch schnell ahmte man ihn nach.

So schnell vollzog sich der Wandel, und nur wenige erkannten die sich anbahnende Revolution im Schiffbau. Als der ›gold rush‹ in Kalifornien Mitte des 19. Jahrhunderts der Handelsschiffahrt ihren größten Auftrieb gab, entstanden zugleich in Frankreich, England, Amerika und Deutschland viele neue Werften für den Holzschiffbau. Im 18. Jahrhundert hatten die Theorien von Leonhard Euler und Charles de Borda über die Flüssigkeitsströmungen die Prinzipien des Schiffbaus bestimmt. Das war nun vorbei, die Schiffe wurden auf wissenschaftlicher Grundlage konstruiert.

In Frankreich und England wollte man Schiffe haben, die den Orkanen der Südmeere standhalten konnten, und so verzimmerte man die drehwüchsige Ulme, deren harte und ineinandergeschlungene Fasern sich unter Wasser gut hielten. Auch Teak war gefragt, das den Vorzug besaß, an den Nagelstellen nicht zu faulen. In den ostpreußischen Wäldern standen in ausreichender Anzahl Eichen zur Verfügung, und was fehlte, kam aus Rußland. Man ließ die Stämme in der Borke trocknen, bevor sie zu den Schiffbauplätzen geschafft wurden. Nahmen die Schiffbaumeister in Memel, Königsberg, Pillau, Elbing und Danzig trockenes Eichenholz, so verwendeten die Engländer mit Wasser vollgesogene Eichen. Dadurch wurden ihre Schiffe schwerer und konnten bei gleicher Größe weniger Ladung transportieren.

Ein Kiel, der vom Vorsteven bis zum Achtersteven reichte, wurde gestreckt, und die darauf errichteten Spanten bildeten das Gerüst des Rumpfes. Die Außenwände bestanden aus Planken, die auf die Spanten genagelt oder genietet wurden. Ein so gebauter Rumpf bedurfte eines ganzen Systems von Verstärkungen. Da waren Bodenwrangen, Kielschweine, Stringer, Kimmweger, Kniestücke, Auflager, Parren, Innensteven, Stevenknie, Bugbänder usw. Diese Teile sorgten für die Festigkeit in der Querrichtung. Die Holzteile wurden nach dem Verlauf der Fasern sorgfältig ausgesucht. Jeder kleinste Fehler im Winkel wurde sofort ausgebessert, bis der Rumpf völlig symmetrisch war. Alle Paßarbeiten wurden mit Breitaxt und Querbeil ausgeführt, die Löcher mit dem Löffelbohrer von Hand gebohrt, viele, viele Löcher, und alle durften nur so groß sein, daß der hindurchgeführte Bolzen paßte, ohne Spiel zu haben.

Der Bau eines Schiffes verschlang eine Menge Material. So waren für die 432 Registertonnen große *Astraea* rund 480 Kubikmeter harte ostpreußische Eiche verbraucht worden und über 120 Tonnen andere Hölzer. Dazu kam das Kupfer für den Unterwasserbeschlag, der in den warmen Gewässern Bewuchs und Wurmfraß verhindern sollte. Als die *Astraea* aus dem Bristol Channel auslief, um eine Ladung Bahnschwellen aus Doley in Amerika zu holen, war sie frisch gekielholt worden. Englische Zimmerleute hatten die Kupferbleche gelöst, die Teerschicht abgebrannt, wobei manches Schiff verlorengegangen ist, es neu kalfatert und das Kupferblech wieder mit kupfernen Nägeln befestigt.

Das hatte die Reederei Scherbring in Memel eine Menge Geld gekostet, aber obwohl der betagte Windjammer nur noch Holz fuhr, hatte er wie ein Sieb geleckt. Nun war er wieder dicht. Im Laderaum war keine Fracht, sondern Sandballast, ohne den sie gekentert wäre. Natürlich mußte auch der Sand sorgfältig abgeschottet werden, damit er nicht überging und den Segler in Gefahr brachte. Kapitän Ernst Böhnke hatte das Übergehen des Ballastes schon einmal erlebt, und so wußte er, wie gefährlich Ballast sein konnte. Das Schiff war mit elf Mann gut besetzt, es war keine Schwierigkeit, in England neue Leute zu finden. Es lagen genug Skandinavier und auch deutsche Seeleute auf den Schlafbassen herum und warteten auf eine gute Chance, nach drüben zu kommen. Sicher war nicht, daß sie wieder mit zurücksegelten und nicht bei Nacht das Schiff verließen, oft ohne ihre Heuer und Seekiste. Amerika reizte auch 1886 noch, und ein Blick in die Auswandererlisten der damaligen Zeit zeigt, daß auch viele Menschen aus Ost- und Westpreußen den Weg zu dem Auswandererbüro eines Albert Ballins fanden.

Bei leichtem Wind zog die *Astraea* ihren Weg. Silbern schimmerte die Sonne bei Tag im Kielwasser, während nachts der Mondschein auf der See ruhte. Nichts störte an Bord. Der Steuermann hing seinen Träumen nach, während der Rudergänger nur zögernd den Kurs korrigierte. Der Trockenkompaß, beleuchtet von einer kleinen Petroleumlampe, zeigte Westsüdwest an. Die Etmale, also die zurückgelegten Distanzen der letzten Tage, wiesen durchschnittliche Ergebnisse auf: 3. Februar 86 Seemeilen, 4. Februar 88 Seemeilen, 5. Februar 128 Seemeilen.

Dann bezog sich der Himmel, der Wind schralte ganz weg, die Bark taumelte in einem immer stärker werdenden Seegang wie verrückt. Die Segel klatschten an die Masten, die ächzten und knarrten. Nichts war für einen Segler schlimmer als gar kein Wind und hohe Dünung. Die Verbände wurden über alle Vorstellungen hinaus beansprucht. Schiffer Böhnke fürchtete um den Ballast. Er ließ eine Luke aufdecken und sah nach, aber noch lag der Sand ruhig da. Böhnke ließ ihn anfeuchten, damit er nicht so leicht ins Rutschen geriet. Irgendwo und nicht weit von ihnen entfernt tobte ein Sturm. Sehr aufmerksam beobachteten die beiden Achtergäste jede kleinste Wolkenbildung am Himmel. Und dann zogen sie auf, dunkle, sich über den südlichen Horizont schiebende Bänke. Eine Bö fegte heran, füllte die Segel, die *Astraea* legte sich auf die Seite und stürmte los. Kurs lag an. Die Logge wurde ausgeworfen, und der hoch aus dem Wasser ragende Windjammer machte zehn Knoten. Weiter so, dachten die Männer, dann sind wir übermorgen im Hafen. Und es ging weiter. Land tauchte auf, der Wind drehte, als St.-Simen-Eiland in Luv lag.

»An die Brassen!« schrie der Alte. »Ree!« Doch es war zu spät, die Bark luvte zwar noch an, aber kam nicht herum, der Wind drückte das Schiff auf die Leeküste zu. »Segel weg, fallen Anker!«

Die Männer an Bord schufteten, warfen die Schoten los, Segel killten und knallten im Sturm, zerrissen, und bald hingen nur noch Fetzen an den Rahen. Schon lag die Küste zum Greifen nahe, sahen die Männer an Bord den Strand, die Steine. Immer noch arbeiteten einige auf der Back, um die Ankerkette am Anker zu befestigen, der noch an Deck lag. Auch ohne Segel trieb das hoch aus dem Wasser ragende Schiff weiter.

»Anker ist klar!« hörte der Schiffer den Steuermann vorne schreien, aber es war zu spät, die Bark brauchte keinen Anker mehr, sie saß auf, und sofort begann die See mit der Vernichtung.

»Die See kennt keine Treue«, schrieb einmal Joseph Conrad, und genau das fühlte in diesen Stunden auch der Kapitän der *Astraea*. Die Besatzung konnte sich retten, das Schiff aber war verloren, die Reste wurden verkauft. In Ostpreußen gab es jetzt nur noch 57 Windjammer.

Schiffslegende
Bark *Astraea*
Erbaut 1866 bei Behrend Pieper in Memel
Nummernflagge: Memel 10
Unterscheidungssignal: HBKL
Reeder: August Hohorst, Memel (1866–1874), Louis Moir Gubba, Memel (1874–1877), Karl Heinrich Scherbring, Memel (1877–1884), R. Schneider, Memel (1885–1886)
Kapitäne: T. Hillal, Memel (1860–1872), E. Bugisch, Memel (1872–1874), E. Boenke, Memel (1874–1877), L. Schwamm, Memel (1877–1879), K. Kraft (1879–1881), L. Horch, Memel (1881–1886)

Das Nebelhorn war zu leise

Über die Schiffahrt Memels und Königsbergs am 1. Januar 1883 berichtete die führende Schiffahrtszeitung »Hansa«: »Was den Schiffsverkehr von Königsberg anbetrifft, so war derselbe schon seit 1879 im Wachsen begriffen, welches auch erfreulicherweise seinen Fortgang im Jahre 1882 nahm. In Pillau waren eingelaufen: 2498 Schiffe gegen 1884 im Jahre 1881. Von den eingegangenen Schiffen führten 1316 die deutsche Flagge.

Die letzten sehr günstigen Winter haben auf das Lohnende der Rhederei mit eingewirkt. Der Dampfverkehr hat sich wesentlich gehoben und wird eine weitere Vergrößerung dieses Verkehrs sicherlich eintreten, wenn erst die Haffrinne eine hinreichende Tiefe erhält.

Die Segelfrachten waren durchweg gedrückt und verlustbringend, wie das auch in anderen preußischen Häfen der Fall war. Getreideladungen fallen schon fast ausschließlich den Dampfschiffen zu, welche bessere Resultate erzielen.

Die Segelschiffsrhederei von Pillau verringerte sich durch Seeverlust um zwei Schiffe, wogegen für dieselbe ein amerikanisches Schiff in Bremerhaven angekauft wurde.

Die Bemannung der Schiffe hat mitunter Schwierigkeiten, so daß Leute aus Pommern geholt werden mußten.«

Soweit also die »Hansa«. Die Reederei Dultz in Pillau hatte demnach 1882 in Bremerhaven ein amerikanisches Schiff gekauft, ein Segelschiff, und die amerikanischen Schiffbauer wußten Clipper zu bauen. Als 1812 die Amerikaner im Krieg gegen England neuartige schnelle Kaperschiffe bauten, wurde der Name »Baltimore Clipper« zu einem Begriff. Clipper ist also ein schiffbautechnischer Ausdruck von festumrissener Bedeutung. Ihn auf Schiffe anzuwenden, die nach 1880 gebaut wurden, ist völlig sinnlos. Da baute man keine Clipper mehr, aus dem einfachen Grunde, weil man sie sich nicht mehr leisten konnte. Jetzt mußten Segler vor allem geräumig sein, denn sie sollten Massengüter tragen: Getreide, Kohle, Koks, Salpeter, Guano und dergleichen. 30 Shilling die Tonne war eine hohe Fracht. Natürlich gab es Übergänge zwischen den Schiffstypen, und die *Alhambra,* 1270 NRT groß, 1858 gebaut, war so ein Zwitter. Als Vollschiff getakelt, brauchte sie eine starke Besatzung. Als sie am 28. Oktober 1883 von Liverpool aus in See stach, befanden sich 19 Seeleute an Bord, zuwenig für dieses große Schiff, das mit einer Ladung Steinkohle Kurs auf New York nahm. An der Gaffel wehte nicht mehr die alte preußische Flagge, sondern die schwarz-weiß-rote.

Am 30. Oktober 1883 trieb die *Alhambra* mehr als sie segelte im St.-Georg-Kanal. Der Wind hatte nachgelassen, leichter Dunst lag über dem Wasser. Der englische Dampfer *Hoyhead* befand sich zum gleichen Zeitpunkt nicht weit von dem Vollschiff entfernt. Einsam standen die beiden wachhabenden Offiziere auf der Kommandobrücke. Schon seit dem Sinken der Sonne beobachteten sie die niedrige, graue Wolkenbank, die allmählich im Westen aufstieg. Das konnte Sturm sein, doch die milchige, wachsende Wand am Westhimmel deutete auf Nebel.

Schon verschwammen die Lichter der Schiffe auf gleichem Kurs. Höher wuchs der Schwaden, der die Leuchtfeuer an Land bereits verschluckt hatte. Die ersten grauen Schleierfetzen des Nebels zogen am Schiff vorüber und führten Nässe mit sich. Der graue Dampfer war eingehüllt und kaum noch auszumachen.

Schrill klingelte der Maschinentelegraph: »Halbe Kraft!« Langsamer wurde das Pochen, Hämmern und Stampfen im tiefen Maschinenschaft, leiser das glucksende Rauschen der Bugwelle. Zum ersten Male brüllte die Dampfpfeife auf. Klagend zerschnitt ihr zitternder Ton den gewaltigen, nebelgefüllten Luftraum.

Eilig hatte sich der Kapitän auf die Brücke begeben. Nun stand er fröstelnd an Deck und schaute wie die anderen nach vorne. Kaum ein Wort wurde gewechselt. Noch dichter und undurchdringlicher wurde der Nebel. Die Positionslampen warfen breitgefächerte Lichtbahnen in die Luft. Aus weiter Ferne tönte zuweilen ein leiser Ton herüber, das helle, hohe Signal eines kleinen Küstendampfers. Grau, feucht, dunstig war die Luft, naß waren die Decks und die glänzenden Eisenwände. Der Mann auf dem Ausguck im spitzen Bug war kaum noch auszumachen.

Eine leichte Brise hatte sich erhoben. Plötzlich reckte sich der wachhabende II. Offizier. Auch der Kapitän wurde stutzig. War das nicht ein leises Wimmern da vorn?

Der Ausgucksmann schrie von der Back: »Schiff voraus!«

Kurz, hart folgte das Kommando des Kapitäns: »Beide Maschinen stopp! Äußerste Kraft zurück!«

Ein gewaltiges Zittern ging durch den stählernen Rumpf; hastig, eilfertig mahlten die Schrauben am Heck und erzeugten milchige Strudel, die in breitem Strom an der Bordwand nach vorne zu fließen begannen. Gierig bohrten sich die Augen in die graue Nebelwand.

Da! Ein blasser, grüner Lichtschein tauchte vor dem Steven auf. Massige, verzerrte Formen darüber. Ein Segler! Und immer noch lief die *Hoyhead* auf den Windjammer zu, der nicht ausweichen konnte, auch nicht mußte, denn ausweichpflichtig war der Dampfer.

Auf dem Vollschiff *Alhambra* hatte man den Dampfer gut gehört, denn laut genug war die Dampfpfeife gewesen und schwach dagegen nur das Nebelhorn des Seglers, der mit schlappen Segeln fast auf der Stelle trat. Schiffer Parlow ging unruhig auf und ab. Nichts tun zu können, war schlimm genug für einen Mann wie ihn, der Gott und die Welt nicht fürchtete. »Der läuft genau auf uns zu«, bemerkte der Steuermann. »Soll ich ein Blaulicht anzünden?«

»Das hat noch keinen Sinn, er ist nicht nahe genug. Unser Nebelhorn ist zu schwach, die Dampferleute hören nicht mehr hin. Immer mehr Segler werden von ihnen überrannt.«

Die beiden Männer schwiegen und starrten in den Nebel, der wie eine Wand vor ihnen lag.

»Da ist er! Er läuft auf uns zu! Wecken Sie die Freiwache! Boote klarmachen!«

Die Befehle des Kapitäns überschlugen sich. Sofort rannte der Steuermann in die Hütte auf dem Vordeck, um die Freiwache zu wecken, während die an Deck stehenden Seeleute zu den beiden Booten eilten und die Zurrings loswarfen. Der Steven des Dampfers hing über dem Deck, verfing sich in den Stagen. Dann krachte es, Holz splitterte, Stagen zerrissen, eine Rah stürzte von oben herab und schlug auf die Back des Dampfers. Die *Alhambra* legte sich auf die Seite. Drüben lief die Maschine immer noch auf »voll zurück«. Warum stellte sie keiner ab?

»Hilfe! Klettert auf den Dampfer, Leute, laßt die Boote sein!« schrie Parlow und hetzte die Seeleute nach vorn.

Schon begann sich der Dampfer aus dem Schiffsleib des einst so stolzen Vollschiffs zu lösen, das so manche Reise um die Hoorn heil überstanden hatte und dessen letzte Reise nun bevorstand.

Sieben Leute hatten sich retten können. Zwölf standen noch herum und stierten dem Dampfer nach, der wieder vom Nebel verschluckt wurde. Sie hörten ihn tuten und wußten ihn ganz in der Nähe. Auch hörten sie ihn noch, als sie im Wasser schwammen, sich an treibende Wrackstücke klammerten. Doch das Wasser war zu kalt, sie hielten es nicht lange aus. Einer nach dem anderen ließ los und verschwand.

Als sich kein Leben mehr im Wasser rührte, nur ein paar Möwen dicht über die See strichen, hob sich der Nebel. Der Dampfer *Hoyhead* lag mit gestoppten Maschinen kaum mehr als eine Seemeile von der Unfallstelle entfernt ...

Schiffslegende

Vollschiff *Alhambra*

Erbaut 1858 von Donald MacKay in East Boston

Unterscheidungssignal 1882: HDFL

Reeder: William Thwing & Company, Boston (1859–1864), Henry Jonas Smith, London, Heimathafen Liverpool (1871), Smith bereederte das Schiff während des Bürgerkrieges. Snow & Burgess, New York (1875–1876), Fritz Dultz und Partner, Pillau (1882–1883)

Kapitäne: Dunbar (1862), Beadle, Alexander und Siewerts (1882–1883)

Besatzung 1882: 19 Mann

Die *Alhambra* war das einzige Schiff, das der berühmte Schiffbauer MacKay zwischen 1858 und 1861 baute, und das größte Segelschiff, das in Pillau beheimatet war. Die Tragfähigkeit betrug 1678 Tonnen.

Schiffstypen der damaligen Zeit

Das Vollschiff

Beim »Vollrigger« handelt es sich um ein vollgetakeltes Schiff mit mindestens drei Masten, von denen alle rahgetakelt sind. Die Bezeichnung Vollschiff entstand in der zweiten Hälfte des 19. Jahrhunderts vorwiegend für dreimastige, vollgetakelte Handelsschiffe nach dem Vorbild der im 17. Jahrhundert entwickelten Fregatte und des Fregattschiffs.

Vollschiff

Im seemännischen Sprachgebrauch herrscht die Bezeichnung »Vollrigger« vor. Als vollgetakelt wird ein Mast bezeichnet, der aus Untermast, Marsstenge und Bramstenge besteht und mit Rahsegeln ausgerüstet ist.

Die drei Masten des Vollschiffes heißen Fockmast, Groß- und Kreuzmast. Der achtern stehende Kreuzmast fährt außer den Rahsegeln noch ein Gaffelsegel, das Besansegel.

Ein Blick in die Statistik der ostpreußischen Segelschiffsreedereien zwischen 1750 und 1800 zeigt, daß in Königsberg 55, in Memel aber nur 39 Vollschiffe beheimatet waren. Ähnlich sah es in Pillau aus. Das Vollschiff brauchte, ohne wesentlich schneller als die Bark zu sein, ein, zwei Seeleute mehr, mehr Segel und Tauwerk. Das alles kostete Geld.

Die Bark

Die Bark ist ein Segelschiff mit mindestens drei Masten, bei dem nur der hintere Mast (Besanmast) Schratsegel führt, während die anderen Masten rahgetakelt sind. Besonders häufig war die dreimastige Bark, so daß die Bezeichnung »Bark« ihr vorbehalten bleibt. Sie wurde im 19. Jahrhundert zu einem der wichtigsten Schiffstypen der norddeutschen Handelsflotten, insbesondere für Transporte über größere Seestrecken.

Die Anfänge der Barktakelung reichen bis ins 14. Jahrhundert zurück. Die übliche Tragfähigkeit der hölzernen Barken lag zwischen 250 und 600 t. Infolge ihrer einfachen Segelhandhabung konnte sie mit einer kleineren Besatzung als ein Vollschiff auskommen. Je nach Größe und Einsatzgebiet zählte die Mannschaft zwischen 12 und 16 Köpfe. Mehr als *ein* Steuermann war selten an Bord.

Bark

Über die Baukosten dieses Schiffstyps gibt es so gut wie keine verläßlichen Quellen, nur Anhaltspunkte. So dürfte der Bau einer hölzernen Bark auf einer ostpreußischen Werft etwa 13 000 bis 15 000 Taler gekostet haben.

Bedingt durch die Wassertiefe im Frischen Haff, die das Ein- und Auslaufen größerer Schiffe behinderte, waren in Königsberg nur wenige Barken beheimatet. Die kleinere Brigg und die Galeasse herrschten vor. Anders sah es in Memel aus. Nach 1800 tendierten die dortigen Schiffbauer und Reeder eindeutig zu den

Die Segel einer Bark

Barken. Zwischen 1750 und 1800 waren 150 Barken in Memel beheimatet, 39 Vollschiffe und 109 Briggen. Einhundert Jahre später hatte die veränderte Zeit die starke ostpreußische Windjammerflotte vom Meer gefegt. Zur Jahrhundertwende weist das Schiffsregister in Memel nur die Bark *Expreß* auf.

Die Pink

Das Pinkschiff entstand im 15. Jahrhundert im westlichen Mittelmeer etwa zur gleichen Zeit mit der Karavelle. Das Vorschiff lief an Deck besonders spitz zu, und auf dem Achterschiff waren ausgedehnte, hohe Aufbauten, die die Hütte und eine geschlossene Kajüte einbezogen. Vor- und Hintermast hatten ein auseinanderstrebendes Mastfall, die langen Spieren der üblicherweise gefahrenen Lateinersegel konnten für weite Fahrten an Deck gelegt und durch Querrahen ersetzt werden.

Die Pink war ein dreimastiger Küstensegler von rund 200 bis 300 t, sie von einer Bark zu unterscheiden, war und ist recht schwierig. Hans Szymanski, Altmeister der deutschen Schiffstypenforschung, beschreibt die Pink so: »In der zweiten Hälfte des 18. Jahrhunderts waren die Pinkschiffe dreimastige Rahsegler, deren Boden flacher als die Fregatten, aber etwas schärfer als die Barken gebaut war. Sie hatten ein hohes schmales Achterschiff, ein plattes Heck, das Galion fehlte.«

Die Bezeichnung Pink war hauptsächlich im deutschen Bereich in zwei Gebieten zu Hause: einmal in Schleswig-Holstein, zum andern in Ost- und Westpreußen, vor allem in Danzig. Die letzte in Deutschland entstandene Pink war die *Wilhelmine Linck,* 1877 in Danzig gebaut. Zu dieser Zeit wurden in Danzig keine großen Segelschiffe mehr gezimmert.

Wenn auch eine klare Typisierung der Pink nicht möglich ist, so dürfte das Rigg zwischen einem Vollschiff und einer Bark einzuordnen sein.

Die Brigg

Bei der Brigg handelt es sich um ein zweimastiges Segelschiff, dessen beide Masten mit Rahsegeln gefahren wurden. Zusätzlich trug der achtere Mast ein großes Gaffelsegel (Briggsegel oder Besan). Die Brigg war im 19. Jahrhundert der am häufigsten gebaute Schiffstyp auf deutschen Werften. Das Hauptverbreitungsgebiet lag in der Ostsee. Nach Horst Szymanski gehörten im Jahr 1860 zur Rostocker Flotte 189 Briggs in Größen von 400 bis 600 t. Besondere Merkmale der Brigg waren ein schlanker Rumpf und seit der Mitte des 19. Jahrhunderts ein Klippersteven.

Die Wirtschaftlichkeit dieser relativ kleinen, aber handigen Segelschiffe ergab sich durch den damals noch geringen Ladungsanfall. Im Jahre 1834 konnte eine 340-BRT-Brigg mit elf Mann Besatzung neben der Ladung noch hundert Auswanderer nach Amerika befördern.

In den sechziger Jahren des 19. Jahrhunderts begann die Ablösung der Brigg durch die größere Bark. Nach 1885 war der Bau von Briggschiffen im Ostseeraum beendet.

Glossar

Bark:
Rahsegelschiff, dessen hinterster Mast ein Gaffelsegel führt.
Besanmast: Der achtere Mast auf einer Bark
Besanschot an: Ruf zur Schnapsverteilung
Bramstenge:
Der obere Teil eines Mastes auf einem Segelschiff (der Mast besteht aus mehreren Teilen)
Brassen:
Taue und Drähte, mit denen die Rahen in einer horizontalen Ebene geschwenkt werden, um die Segelstellung der Windrichtung anzupassen.

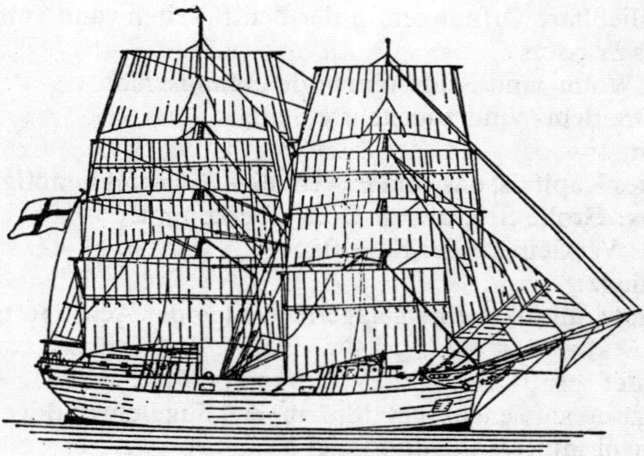

Brigg

Brigantine: Schonerbrigg
Brigg:
Zweimast-Rahsegler mit zwei rahsegelgetakelten Masten und Gaffelsegel am hinteren Mast
Etmal:
Distanz, die ein Schiff in 24 Stunden von Mittag zu Mittag zurücklegt
Fock: Dreieckiges Vorsegel

Fracht:
Geld, das für den Transport der Ladung gezahlt wird.
Glasen:
Halbstündige Angabe der Uhrzeit durch die Betätigung der Schiffsglocke
Halbmann:
Dienststellung zwischen Schiffsjungen und Matrosen
Halsen: Ein Schiff vor dem Wind wenden
Klüverbaum:
Über den Vorsteven hinausragendes Rundholz
Knoten:
Abkürzung kn, Bezeichnung für die Fahrgeschwindigkeit eines Schiffes. 1 kn = 1 Seemeile pro Stunde = 1852 m/h
Koje: Bett des Seemanns
Lee: Die dem Wind abgekehrte Seite
Lenzpforten:
Verschließbare Öffnungen in der Schiffsseitenwand zum Ablaufen des Wassers
Logis: Wohn- und Schlafräume der Mannschaft
Luv: Die dem Wind zugekehrte Seite
Parten:
Teile des Kapitals, das zum Erwerb eines Schiffes benötigt wurde.
Rasmus: Grobe See, die an Deck überkommt.
Reffen: Verkleinern der Segelfläche
Schloßholz:
Ein Klotz, mit dem eine gelagerte Welle oder Achse festgehalten wird.
Seemeile:
Abkürzung sm; entspricht 1852 m = Länge einer Bogenminute auf einem mittleren Erdumfang.
Stenge: Mastverlängerung
Vortopp:
Fockmast; vorderer Mast auf jedem Segelschiff, sofern es zwei oder mehr Masten hat.